大改正 市制 及 町村制

地方自治法研究
復刊大系〔第二三六巻〕

一書堂書店 編

大改正 市制及町村制

日本立法資料全集 別巻 1036

信山社

大改正 市制及町村制

總則
市町村會
市參事會
市町村吏員
給料及給與
市町村ノ財務
市町村一部ノ事務
市町村ノ組合
市町村ノ監督
雑則
府縣制
議院法

現行

市制及町村制

大改正

市制目次

市制目次終

市制

（明治四十四年四月六日法律第六十八號）（大正十年四月改正）

朕帝國議會ノ協贊ヲ經タル市制改正法律ヲ裁可シ茲ニ之ヲ公布セシム
市制

第一章　總則

第一款　市及其ノ區域

第一條　市ハ從來ノ區域ニ依ル

第二條　市ハ法人トス官ノ監督ヲ承ケ法令ノ範圍內ニ於テ其ノ公共事務竝從來法令又ハ慣例ニ依リ及將來法律勅令ニ依リ市ニ屬スル事務ヲ處理ス

第三條　市ノ廢置分合ヲ爲サムトスルトキハ關係アル市町村會及府縣參事會ノ意見ヲ徵シテ內務大臣之ヲ定ム

前項ノ場合ニ於テ財產アルトキハ其ノ處分ハ關係アル市町村會ノ意見ヲ徵シ府縣參事會ノ議決ヲ經內務大臣ノ許可ヲ得テ府縣知事之ヲ定ム

第四條　市ノ境界變更ヲ爲サムトスルトキハ府縣知事ハ關係アル市町村會ノ意見ヲ徵シ府縣參事會ノ議決ヲ經內務大臣ノ許可ヲ得テ之ヲ定ム所屬未定地ヲ市ノ區域ニ編入セムトスルトキ亦同シ

前項ノ場合ニ於テ財產アルトキ其ノ處分ニ關シテハ前項ノ例ニ依ル

第五條　市ノ境界ニ關スル爭論ハ府縣參事會之ヲ裁定ス其ノ裁定ニ不服アル市町村

ハ行政裁判所ニ出訴スルコトヲ得
市ノ境界判明ナラサル場合ニ於テ前項ノ爭論ナキトキハ府縣知事ハ府縣參事會ノ決定ニ付スヘシ其ノ決定ニ不服アル市町村ハ行政裁判所ニ出訴スルコトヲ得
第一項ノ裁定及前項ノ決定ハ文書ヲ以テ之ヲ爲シ其ノ理由ヲ附シ之ヲ關係市町村ニ交付スヘシ
第一項ノ裁定及第二項ノ決定ニ付テハ府縣知事ヨリモ訴訟ヲ提起スルコトヲ得
第六條　勅令ヲ以テ指定スル市ノ區ハ之ヲ法人トス其ノ財產及營造物ニ關スル事務其ノ他法令ニ依リ區ニ屬スル事務ヲ處理ス
區ノ廢置分合又ハ境界變更其ノ他區ノ境界ニ關シテハ前二條ノ規定ヲ準用ス但シ第四條ノ規定ヲ準用スル場合ニ於テハ關係アル市會ノ意見ヲモ徵スヘシ
第七條　市ハ其ノ名稱ヲ變更セムトスルトキハ內務大臣ノ許可ヲ受クヘシ
市役所ノ位置ヲ定メ又ハ之ヲ變更セムトスルトキハ市ハ府縣知事ノ許可ヲ受クヘシ
前條ノ市カ其ノ區ノ名稱ヲ變更シ又ハ區役所ノ位置ヲ定メ若ハ之ヲ變更セムトスルトキハ前項ノ例ニ依ル

第二款　市住民及其ノ權利義務

第八條　市內ニ住所ヲ有スル者ハ其ノ市住民トス
市住民ハ本法ニ從ヒ市ノ財產及營造物ヲ共用スル權利ヲ有シ市ノ負擔ヲ分任スル

義務ヲ負フ

第九條　市住民ニシテ左ノ要件ヲ具備スルモノヲ市公民トス、但シ貧困ノ爲メ公費ノ救助ヲ受ケタル後二年ヲ經サルモノ、禁治産者、准禁治産者及ヒ六年ノ懲役又ハ禁錮以上ノ刑ニ處セラレタルモノハ此限リニアラズ

一　帝國臣民タル男子ニシテ年齡二十五歲以上ノモノ

二　獨立ノ生計ヲ營ムモノ

三　二年以來其市ノ住民タルモノ

四　二年以來其他直接市稅ヲ納ムルモノ

市ハ前項二年ノ制限ヲ特免スル事ヲ得

家督相續ニヨリ財産ヲ取得シタルモノニ就テハ其財産ニツキ被相續人ノナシタル納稅ヲ以テ其モノヽナシタル納稅ト看做ス

市公民ノ要件中其年限ニ關スルモノハ市町村ノ配置、分合又ハ境界變更ノタメ中斷セラルヽ事ナシ

第十條　市公民ハ市ノ選擧ニ參與シ市ノ名譽職ニ選擧セラルル權利ヲ有シ市ノ名譽職ヲ擔任スル義務ヲ負フ

左ノ各號ノ一ニ該當セサル者ニシテ名譽職ノ當選ヲ辭シ又ハ其ノ職ヲ辭シ若ハ其ノ職務ヲ實際ニ執行セサルトキハ市ハ一年以上四年以下其ノ市公民權ヲ停止シ場合ニ依リ其ノ停止期間以內其ノ者ノ負擔スヘキ市稅ノ十分ノ一以上四分ノ一以下

ヲ增課スルコトヲ得
一　疾病ニ罹リ公務ニ堪ヘサル者
二　業務ノ爲常ニ市內ニ居ルコトヲ得サル者
三　年齡六十年以上ノ者
四　官公職ノ爲市ノ公務ヲ執ルコトヲ得サル者
五　四年以上名譽職市吏員、名譽職參事會員、市會議員又ハ區會議員ノ職ニ任シ爾後同一ノ期間ヲ經過セサル者
六　其ノ他市會ノ議決ニ依リ正當ノ理由アリト認ムル者
前項ノ處分ヲ受ケタル者其ノ處分ニ不服アルトキハ府縣參事會ニ訴願シ其ノ裁決ニ不服アルトキハ行政裁判所ニ出訴スルコトヲ得
第二項ノ處分ハ其ノ確定ニ至ル迄執行ヲ停止ス
第三項ノ裁決ニ付テハ府縣知事又ハ市長ヨリモ訴訟ヲ提起スルコトヲ得
第十一條　市公民第九條第一項ニ揭ケタル要件ノ一ヲ闕キ又ハ同項但書ニ當ルニ至リタルトキハ其ノ公民權ヲ失フ
市公民租稅滯納處分中ハ其ノ公民權ヲ停止ス家資分散若ハ破產ノ宣告ヲ受ケ其ノ確定シタルトキヨリ復權ノ決定確定スルニ至ル迄又ハ六年未滿ノ懲役又ハ禁錮ノ刑ニ處セラレタルトキヨリ其ノ執行ヲ終リ若ハ其ノ執行ヲ受クルコトナキニ至ル迄亦同シ

陸海軍ノ現役ニ服スル者ハ市ノ公務ニ參與スルコトヲ得ス其ノ他ノ兵役ニ在ル者ニシテ戰時又ハ事變ニ際シ召集セラレタルトキ亦同シ

第三欵　市條例及市規則

第十二條　市ハ市住民ノ權利義務又ハ市ノ事務ニ關シ市條例ヲ設クルコトヲ得
市ハ市ノ營造物ニ關シ市條例ヲ以テ規定スルモノノ外市規則ヲ設クルコトヲ得
市條例及市規則ハ一定ノ公告式ニ依リ之ヲ告示スヘシ

第二章　市會

第一欵　組織及選擧

第十三條　市會議員ハ其ノ被選擧權アル者ニ就キ選擧人之ヲ選擧ス
議員ノ定數左ノ如シ

一	人口五萬未滿ノ市	三十人
二	人口五萬以上十萬未滿ノ市	三十六人
三	人口十五萬以上二十萬未滿ノ市	四十人
四	人口二十萬以上三十萬未滿ノ市	四十四人
五	人口三十萬以上ノ市	四十八人

人口三十萬ヲ超ユル市ニ於テハ人口十萬　人口五十萬ヲ超ユル市ニ於テハ人口二十萬ヲ加フル毎ニ議員四人ヲ增加ス
議員ノ定數ハ市條例ヲ以テ特ニ之ヲ增減スルコトヲ得

議員ノ定數ハ總選擧ヲ行フ場合ニ非サレハ之ヲ增減セス但シ著シク人口ノ增減アリタル場合ニ於テ內務大臣ノ許可ヲ得タルトキハ此ノ限ニ在ラス

第十四條　市公民ハ總テ選擧權ヲ有ス但シ公民權停止中ノ者又ハ第十一條第三項ノ場合ニ當ル者ハ此ノ限リニ在ラス

第十五條　選擧人ハ分チテ二級トス

選擧人中選擧人ノ總數ヲ以テ選擧人ノ納ムル直接市稅總額ヲ除シ其平均額以上ヲ納ムルモノヲ一級トシ其他ノ選擧人ヲ二級トス、但シ一級選擧人ノ數議員定數ノ二分ノ一ヨリ少キ時ハ納稅額最モ多キモノ議員定數ノ二分ノ一ト同數ヲ以テ一級トス、同額ノ納稅者二人以上アル時ハ其市內ニ住居ヲ有スル年數ノ多キモノヲ以テ上級ニ入ル住居ヲ有スル年數同シキ時ハ年長者ヲ以テス、年齡ニ依リ難キ時ハ市長抽籤シテ之ヲ定ムヘシ

選擧人ハ每級各別ニ議員定數ノ二分ノ一ヲ選擧ス、但シ選擧區アル場合ニ於テ議員ノ數二分シ難キ時ハ其配當方法ハ第十六條ノ市條例中ニ之ヲ規定スヘシ

被選擧人ハ各級ヲ通シテ選擧セラルヽ事ヲ得

第二項ノ直接市稅ノ納額ハ選擧人名簿調製期日ノ屬スル會計年度ノ前年度ノ賦課額ニ據ルヘシ

第十六條　市ハ市條例ヲ以テ選擧區ヲ設クルコトヲ得二級選擧ノ爲ノミニ付亦同シ

選擧區ノ數及其ノ區域並各選擧區ヨリ選出スル議員數ハ前項ノ市條例中ニ之ヲ規

定スヘシ
第六條ノ市ニ於テハ區ヲ以テ選擧區トス其ノ各選擧區ヨリ選出スル議員數ハ市條例ヲ以テ之ヲ定ムヘシ
選擧人ハ住所ニ於テ所屬ノ選擧區ヲ定ム
第七十六條又ハ第七十九條第二項ノ規定ニ依リ其公民タルモノニシテ市內ニ住所ヲ有セサルモノニ付テハ市長ハ本人ノ申出ニ依リ其申出ナキ時ハ職權ニ依リ其選擧區ヲ定ムヘシ
選擧區ニ於テハ前條ノ規定ニ準シ選擧人ノ等級ヲ分ツヘシ但シ一級選擧人ノ數其ノ選出スヘキ議員配當數ヨリ少キトキハ納額最多キ者議員配當數ト同數ヲ以テ一級トス
被選擧人ハ各選擧區ニ通シテ選擧セラルルコトヲ得
第十七條　特別ノ事情アルトキハ市ハ府縣知事ノ許可ヲ得區劃ヲ定メテ選擧分會ヲ設クルコトヲ得二級選擧ノ爲ノミニ付亦同シ
第十八條　選擧權ヲ有スル市公民ハ被選擧權ヲ有ス
左ニ揭クル者ハ被選擧權ヲ有セス其ノ之ヲ罷メタル後一月ヲ經過セサル者亦同シ
一　所屬府縣ノ官吏及有給吏員
二　其市ノ有給吏員
三　檢事警察官吏及收稅官吏

四　神官神職僧侶其ノ他諸宗教師

五　小學校教員

市ニ對シ請負ヲナスモノ及ヒ支配人又ハ主トシテ同一ノ行爲ヲナス法人ノ無限責任社員、役員及ヒ支配人ハ被選擧ヲ有セス

前項ノ役員トハ取締役、監査役及ヒ之ニ準スヘキモノ並ニ清算人ヲ云フ

父子兄弟タル緣故アルモノハ同時ニ市會議員ノ職ニアル事ヲ得ス、其同時ニ選擧セラレタル時ハ同級ニアリテハ得票ノ數ニ依リ其多キモノ一人ヲ當選者トシ、同數ナル時又ハ等級若クハ選擧區ヲ異ニシ選擧セラレタル時ハ年長者ヲ當選者トス年齡同シキ時ハ市長抽籤シテ當選者ヲ定ム、其時ヲ異ニシテ選擧セラレタル時ハ後ニ選擧セラレタルモノ議員タル事ヲ得ス

議員トナリタル後前項ノ緣故ヲ生シタル場合ニ於テハ年少者其職ヲ失フ、年齡同シキ時ハ市長抽籤シテ失職者ヲ定ム

第十九條　市會議員ハ名譽職トス

議員ノ任期ハ四年トシ總選擧ノ第一日ヨリ起算ス

議員ノ定數ニ異動ヲ生シタル爲解任ヲ要スル者アルトキハ毎級各別ニ市長抽籤シ

テ之ヲ定ム選擧區アル場合ニ於テハ第十六條ノ市條例中ニ其ノ解任ヲ要スル者ノ選擧區及等級ヲ規定シ市長抽籤シテ之ヲ定ムヘシ但シ解任ヲ要スル選擧區及等級ニ闕員アルトキハ其ノ闕員ヲ以テ之ニ充ツヘシ

議員ノ定數ニ異動ヲ生シタル爲新ニ選擧セラレタル議員ハ總選擧ニ依リ選擧セラレタル議員ノ任期滿了ノ日迄在任ス

選擧區又ハ其ノ配當議員數ノ變更アリタル場合ニ於テ之ニ關シ必要ナル事項ハ第十六條ノ市條例中ニ之ヲ規定スヘシ

第二十條 市會議員中闕員ヲ生シ其ノ闕員議員定數ノ三分ノ一以上ニ至リタルトキ又ハ府縣知事市長若ハ市會ニ於テ必要ト認ムルトキハ補闕選擧ヲ行フヘシ

議員缺員トナリタル時其議員カ第三十條第二項ノ規定ノ適用ニ依リ當選者トナリタルモノアル場合又ハ本條本項若クハ第三十三條ノ規定ニ依ル第三十條第二項ノ規定ノ準用ニ依リ當選者トナリタルモノノ此場合ニ於テハ市長ハ直ニ第三十條第二項ノ規定ノ適用又ハ準用ヲ受ケケル他ノ得票者ニ付當選者ヲ定ムヘシ、此場合ニ於テハ第三十條第二項ノ規定ヲ準用ス

補闕議員ハ其ノ前任者ノ殘任期間在任ス

補闕議員ハ前任者ノ選擧セラレタル等級選擧區ニ於テ之ヲ選擧スヘシ

第二十一條　市長ハ選擧期日前六十日ヲ期トシ其ノ日ノ現在ニ依リ選擧人ノ資格ヲ記載セル選擧人名簿ヲ調製スヘシ但シ選擧區アルトキハ選擧區毎ニ名簿ヲ調製スヘシ

第六條ノ市ニ於テハ市長ハ區長ヲシテ前項ノ名簿ヲ調製セシムヘシ

市長ハ選擧期日前四十日ヲ期トシ其ノ日ヨリ七日間毎日午前八時ヨリ午後四時迄市役所第六條ノ市ニ於テハ區役所又ハ告示シタル場所ニ於テ選擧人名簿ヲ關係者ノ縱覽ニ供スヘシ關係者ニ於テ異議アルトキハ縱覽期間内ニ之ヲ市長第六條ノ市ニ於テハ區長ヲ經テニ申立ツルコトヲ得此ノ場合ニ於テハ市長ハ縱覽期間滿了後三日以内ニ市會ノ決定ニ付スヘシ市會ハ其ノ送付ヲ受ケタル日ヨリ七日以内ニ之ヲ決定スヘシ

前項ノ決定ニ不服アル者ハ府縣參事會ニ訴願シ其ノ裁決又ハ第五項ノ裁決ニ不服アル者ハ行政裁判所ニ出訴スルコトヲ得

第三項ノ決定及前項ノ裁決ニ付テハ市長ヨリモ訴願又ハ訴訟ヲ提起スルコトヲ得

前二項ノ裁決ニ付テハ府縣知事ヨリモ訴訟ヲ提起スルコトヲ得
前四項ノ場合ニ於テ決定若ハ裁決確定シ又ハ判決アリタルニ依リ名簿ノ修正ヲ要スルトキハ市長ハ其ノ確定期日前ニ修正ヲ加ヘ第六條ノ市ニ於テハ區長ヲシテ修正セシムヘシ
選擧人名簿ハ選擧期日前三日ヲ以テ確定ス
確定名簿ハ第三條又ハ第四條ノ處分アリタル場合ニ於テ府縣知事ノ指定スルモノヲ除クノ外其ノ確定シタル日ヨリ一年以内ニ於テ行フ選擧ニ之ヲ用ウ選擧區アル場合ニ於テハ各選擧區ニ渉リ同時ニ調製シタルモノハ確定シタル日ヨリ一年以内ニ於テ行フ選擧ニ之ヲ用ヰ一部ノ選擧區限リ調製シタルモノハ確定シタル日ヨリ一年以内ニ該選擧區ニ於テノミ行フ選擧ニ之ヲ用ウ但シ名簿確定後裁決確定シ又ハ判決アリタルニ依リ名簿ノ修正ヲ要スルトキハ選擧ヲ終リタル後ニ於テ次ノ選擧期日前四日迄ニ之ヲ修正スヘシ
選擧人名簿ヲ修正シタルトキハ市長ハ直ニ其ノ要領ヲ告示シ第六條ノ市ニ於テハ區長ヲシテ之ヲ告示セシムヘシ
選擧分會ヲ設クルトキハ市長ハ確定名簿ニ依リ分會ノ區劃毎ニ名簿ノ抄本ヲ調製スヘシ第六條ノ市ニ於テハ區長ヲシテ之ヲ調製セシムヘシ
確定名簿ニ登錄セラレサル者ハ選擧ニ參與スルコトヲ得ス但シ選擧人名簿ニ登錄セラルヘキ確定裁決書又ハ判決書ヲ所持シ選擧ノ當日選擧會場ニ到ル者ハ此ノ限

ニ在ラス
前項ノ但書ノ選擧人等級ノ標準タル直接市稅ニ依リ其モノノ納稅額ニシテ名簿ニ登錄セラレタル一級選擧人中ノ最少額ヨリ多キ時ハ一級ニ於テ其他ハ二級ニ於テ選擧ヲ行フヘシ
確定名簿ニ登錄セラレタル者選擧權ヲ有セサルトキハ選擧ニ參與スルコトヲ得ス但シ名簿ハ之ヲ修正スル限ニ在ラス
第三項乃至第六項ノ場合ニ於テ決定若ハ裁決確定シ又ハ判決アリタルニ依リ名簿無效ト爲リタルトキハ更ニ名簿ヲ調製スヘシ其ノ名簿ノ調製、縱覽、修正、確定及異議ノ決定ニ關スル期日、期限及期間ハ府縣知事ノ定ムル所ニ依ル名簿ノ喪失シタルトキ亦同シ
選擧人名簿調製後ニ於テ選擧期日ヲ變更スルコトアルモ其ノ名簿ヲ用井縱覽、修正、確定及異議ノ決定ニ關スル期日、期限及期間ハ前選擧期日ニ依リ之ヲ算定ス
第二十二條　市長ハ課擧期日前少クトモ七日間選擧會場、投票ノ日時及各級ヨリ選擧スヘキ議員數ヲ告示スヘシ選擧區アル場合ニ於テハ各級ヨリ選擧スヘキ議員數ヲ選擧區每ニ分別シ選擧分會ヲ設クル場合ニ於テハ併セテ其ノ等級及區劃ヲ告示スヘシ
各選擧區ノ選擧ハ同日時ニ之ヲ行ヒ選擧分會ノ選擧ハ本會ト同日時ニ之ヲ行フヘシ

天災事變等ニ依リ同日時ニ選擧ヲ行フコト能ハサルトキハ市長ハ其ノ選擧ヲ終ラサル選擧會又ハ選擧分會ノミニ關シ更ニ選擧會場及投票ノ日時ヲ告示シ選擧ヲ行フヘシ

選擧ヲ行フ順序ハ先ツ二級ノ選擧ヲ行ヒ次ニ一級ノ選擧ヲ行フヘシ天災事變等ニ依リ選擧ヲ行フコト能ハサルニ至リタルトキハ市長ハ其ノ選擧ヲ終ラサル等級ノミニ關シ更ニ選擧會場及投票ノ日時ヲ告示シ選擧ヲ行フヘシ

第二十三條　市長ハ選擧長ト爲リ選擧會ヲ開閉シ其ノ取締ニ任ス

各選擧區ハ選擧會ノ市長又ハ其ノ指名シタル吏員第六條ノ市ニ於テハ區長選擧長ト爲リ之ヲ開閉シ取締ニ任ス

選擧分會ハ市長ノ指名シタル吏員選擧分會長ト爲リ之ヲ開閉シ其ノ取締ニ任ス

市長第六條ノ市ニ於テハ區長ハ選擧人中ヨリ二人乃至四人ノ選擧立會人ヲ選任スヘシ但シ選擧區アルトキ又ハ選擧分會ヲ設ケタルトキハ各所ニ選擧立會人ヲ設クヘシ

選擧立會人ハ名譽職トス

第二十四條　選擧人ニ非サル者ハ選擧會場ニ入ルコトヲ得ス但シ選擧會場ノ事務ニ從事スル者、選擧會場ヲ監視スル職權ヲ有スル者又ハ警察官吏ハ此ノ限ニ在ラス選擧會場ニ於テ演說討論ヲ爲シ若ハ喧擾ニ涉リ又ハ投票ニ關シ協議若ハ勸誘ヲ爲シ其ノ他選擧會場ノ秩序ヲ紊ス者アルトキハ選擧長又ハ分會長ハ之ヲ制止シ命ニ從ハサルトキハ之ヲ選擧會場外ニ退出セシムヘシ
前項ノ規定ニ依リ退出セシメラレタル者ハ最後ニ至リ投票ヲ爲スコトヲ得但シ選擧長又ハ分會長會場ノ秩序ヲ紊スノ虞ナシト認ムル場合ニ於テ投票ヲ爲サシムルヲ妨ケス

第二十五條　選擧ハ無記名投票ヲ以テ之ヲ行フ
投票ハ一人一票ニ限ル
選擧人ハ選擧ノ當日投票時間內ニ自ヲ選擧會場ニ到リ選擧人名簿又ハ其ノ抄本ノ對照ヲ經テ投票ヲ爲スヘシ
投票時間內ニ選擧會場ニ入リタル選擧人ハ其ノ時間ヲ過クルモ投票ヲ爲スコトヲ得
選擧人ハ選擧會場ニ於テ投票用紙ニ自ヲ被選擧人一人ノ氏名ヲ記載シテ投函スヘシ但シ確定名簿ニ登錄セラレタル每級選擧人ノ數其ノ選擧スヘキ議員數ノ三倍ヨリ少キ場合ニ於テハ連名投票ノ法ヲ用ウヘシ
自ラ被選擧人ノ氏名ヲ書スルコト能ハサル者ハ投票ヲ爲スコトヲ得ス
投票用紙ハ市長ノ定ムル所ニ依リ一定ノ式ヲ用ウヘシ
選擧區アル場合ニ於テ選擧人名簿ノ調製後選擧人ノ所屬ニ異動ヲ生スルコトアル

モ其ノ選擧人ハ前所屬ノ選擧區ニ於テ投票ヲ爲スヘシ
選擧分會ニ於テ爲シタル投票ハ分會長少クトモ一人ノ選擧立會人ト共ニ投票函ノ儘之ヲ本會ニ送致スヘシ
第二十六條　第三十三條若クハ第三十七條ノ增員選擧又ハ補缺選擧ヲ同時ニ行フ場合ニ於テハ其選擧ヲ以テ合併シテ之ヲ行フ
第二十七條（削除）
第二十八條　左ノ投票ハ之ヲ無效トス
一　成規ノ用紙ヲ用井サルモノ
二　現ニ市會議員ノ職ニ在ル者ノ氏名ヲ記載シタルモノ
三　一投票中二人以上ノ被選擧人ノ氏名ヲ記載シタルモノ
四　被選擧人ノ何タルカヲ確認シ難キモノ
五　被選擧權ナキ者ノ氏名ヲ記載シタルモノ
六　被選擧人ノ氏名ノ外他事ヲ記入シタルモノ但シ爵位職業身分住所又ハ敬稱ノ類ヲ記入シタルモノハ此ノ限ニ在ラス
七　被選擧人ノ氏名自署セサルモノ
連名投票ノ法ヲ用井タル場合ニ於テハ前項第一號第六號及第七號ニ該當スルモノノ外其ノ記載ノ人員選擧スヘキ定數ニ過キタルモノハ之ヲ無效トシ前項第二號第四號及第五號ニ該當スルモノハ其ノ部分ノミヲ無效トス

第二十九條　投票ノ拒否及效力ハ選擧會立人之ヲ決定ス可否同數ナルトキハ選擧長之ヲ決スヘシ
選擧分會ニ於ケル投票ノ拒否ハ其ノ之ヲ立會人之ヲ決定ス可否同數ナルトキハ分會長選擧決スヘシ
第三十條　市會議員ノ選擧ハ有效投票ノ最多數ヲ得タル者ヲ以テ當選者トス但シ各級ニ於テ選擧スヘキ議員數ヲ以テ選擧人名簿ニ登録セラレタル各級ノ人員數ヲ除シテ得タル數ノ七分ノ一以上ノ得票アリタルコトヲ要ス
前項ノ規定ニ依リ當選者ヲ定ムルニ當リ得票ノ數同シキトキハ年長者ヲ取リ年齡同シキトキハ選擧長抽籤シテ之ヲ定ムヘシ
第三十一條　選擧長又ハ分會長ハ選擧録ヲ調製シテ選擧又ハ投票ノ顚末ヲ記載シ選擧又ハ投票ヲ終リタル後之ヲ朗讀シ選擧立會人二人以上ト共ニ之ヲ署名スヘシ
各選擧區ノ選擧長ハ選擧録（第六條ノ市ニ於テハ其ノ謄本）ヲ添ヘ當選者ノ住所氏名ヲ市長ニ報告スヘシ
選擧分會長ハ投票函ト同時ニ選擧録ヲ本會ニ送致スヘシ
選擧録ハ投票、選擧人名簿其ノ他ノ關係書類ト共ニ選擧及當選ノ效力確定スルニ至ル迄之ヲ保存スヘシ
第三十二條　當選者定マリタルトキハ市長ハ直ニ當選者ニ當選ノ旨ヲ告知シ第六條

ノ市ニ於テハ區長ヲシテ之ヲ告知セシムヘシ
當選者當選ヲ辭セムトスルトキハ當選ノ告知ヲ受ケタル日ヨリ五日以內ニ之ヲ市長ニ申立ツヘシ
一人ニシテ數級又ハ數選擧區ニ於テ當選シタルトキハ最終ニ當選ノ告知ヲ受ケタル日ヨリ五日以內ニ何レノ當選ニ應スヘキカヲ市長ニ申立ツヘシ其ノ期間內ニ之ヲ申立テサルトキハ市長抽籤シテ之ヲ定ム
第十八條第二項ニ揭ケサル官吏ニシテ當選シタル者ハ所屬長官ノ許可ヲ受クルニ非サレハ之ニ應スルコトヲ得ス
前項ノ官吏ハ當選ノ告知ヲ受ケタル日ヨリ二十日以內ニ之ニ應スヘキ旨ヲ市長ニ申立テサルトキハ其ノ當選ヲ辭シタルモノト看做ス第三項ノ場合ニ於テ何レノ當選ニ應スヘキカヲ申立テサルトキハ總テ之ヲ辭シタルモノト看做ス

第三十三條 當選者當選ヲ辭シタル時數級若ハ數選擧區ニ於テ當選シタル場合ニ於テ前條第三項ノ規定ニ依リ一ノ級若ハ選擧區ノ當選ニ應シ若ハ抽籤ニ依リ一ノ級若ハ選擧區ノ當選者ト定リタル爲メ他ノ級若ハ抽籤區ニ於テ當選タラサルニ至リタル時死亡者ナルトキ又ハ選擧ニ關スル犯罪ニ依リ刑ニ處セラレ其當選無効トナリタル時ハ更ニ選擧ヲ行フヘシ、但シ其當選者第三十條第二項ノ規定ノ適用又ハ準用ニ依リ當選者トナリタルモノナル場合ニ於テハ第二十條第二項ノ例ニ依ル當選者選擧ニ關スル犯罪ニ依リ刑ニ處セラレ其ノ當選無効トナリタル時其前ニ其者ニ關スル補缺選擧若クハ前項ノ選擧ニ告示ヲナシタル場合又ハ更ニ選擧ヲ行フコトナクシテ當選者ヲ定メタル場合ニ於テハ前項ノ規定ヲ適用セス

第三十四條　選擧ヲ終リタルトキハ市長ハ直ニ選擧錄ノ謄本ヲ添ヘ之ヲ府縣知事ニ報告スヘシ

第三十二條第二項ノ期間ヲ經過シタルトキ、同條第三項若ハ第五項ノ申立アリタルトキ又ハ同條第三項ノ規定ニ依リ抽籤ヲ爲シタルトキハ市長ハ直ニ當選者ノ住所氏名ヲ告示シ併セテ之ヲ府縣知事ニ報告スヘシ

第三十五條　選擧ノ規定ニ違反スルコトアルトキハ選擧ノ結果ニ異動ヲ生スルノ虞アル場合ニ限リ其ノ選擧ノ全部又ハ一部ヲ無效トス

第三十六條　選擧人選擧又ハ當選ノ效力ニ關シ異議アルトキハ選擧ニ關シタル選擧ノ日ヨリ當選ニ關シテハ第三十四條第二項ノ告示ノ日ヨリ七日以內ニ之ヲ市長ニ申立ツルコトヲ得此ノ場合ニ於テハ市長ハ七日以內ニ市會ノ決定ニ付スヘシ市會ハ其ノ送付ヲ受ケタル日ヨリ十四日以內ニ之ヲ決定スヘシ

前項ノ決定ニ不服アル者ハ府縣參事會ニ訴願スルコトヲ得

府縣知事ハ選擧又ハ當選ノ效力ニ關シ異議アルトキハ選擧ニ關シテハ第三十四條第一項ノ報告ヲ受ケタル日ヨリ當選ニ關シテハ同條第二項ノ報告ヲ受ケタル日ヨリ二十日以內ニ之ヲ府縣參事會ノ決定ニ付スルコトヲ得

前項ノ決定アリタルトキハ同一事件ニ付爲シタル異議ノ申立及市會ノ決定ハ無效トス

第二項若ハ第六項ノ裁決又ハ第三項ノ決定ニ不服アル者ハ行政裁判所ニ出訴スルコトヲ得

第一項ノ決定ハ市長ヨリモ訴願ヲ提起スルコトヲ得
第二項若ハ前項ノ裁決又ハ第三項ノ決定ニ付テハ府縣知事又ハ市長ヨリモ訴訟ヲ提起スルコトヲ得
第二十條第三十三條又ハ第三十七條第三項ノ選擧ハ之ニ關係アル選擧又ハ當選ニ關スル異議申立期間異議ノ決定若クハ訴願ノ裁決確定セサル間又ハ訴訟繼續スル間之ヲ行フコトヲ得ス
市會議員ハ選擧又ハ當選ニ關スル決定若ハ裁決確定シ又ハ判決アル迄ハ會議ニ列席シ議事ニ參與スルノ權ヲ失ハス

第三十七條　當選無效ト確立シタルトキハ市長ハ直ニ第三十條ノ例ニ依リ更ニ當選者ヲ定ムヘシ
選擧無效ト確定シタルトキハ更ニ選擧ヲ行フヘシ
議員ノ定數ニ足ル當選者ヲ得ルコト能ハサルトキハ其ノ不足ノ員數ニ付更ニ選擧ヲ行フヘシ此ノ場合ニ於テハ第三十條第一項但書ノ規定ヲ適用セス

第三十八條　市會議員ニシテ選擧權ヲ有セサルモノハ其職ヲ失フ其被選擧權ノ有無ハ市會議員カ左ノ各號ノ一ニ該當スルニ依リ被選擧權ヲ有セサル場合ヲ除クノ外市會之ヲ決定ス
一　禁治産者又ハ準禁治産者トナリタル時
二　家資分産又ハ破産ノ宣告ヲ受ケ其宣告確定シタル時
三　禁錮以上ノ刑ニ處セラレタル時
四　選擧ニ關スル犯罪ニ依リ罰金ノ刑ニ處セラレタル時
市長ハ市會議員中被選擧權ヲ有セサルモノアリト認ムル時ハ之ヲ市會ノ決定ニ附

スヘシ
市會ハ其送附ヲ受ケタル日ヨリ十四日以内ニ之ヲ決定スヘシ
第一項ノ決定ヲ受ケタル者其ノ決定ニ不服アルトキハ府縣參事會ニ訴願シ其ノ裁決又ハ第四項ノ裁決ニ不服アルトキハ行政裁判所ニ出訴スルコトヲ得
第一項ノ決定及前項ノ裁決ニ付テハ市長ヨリモ訴願又ハ訴訟ヲ提起スルコトヲ得
前二項ノ裁決ニ付テハ府縣知事ヨリモ訴訟ヲ提起スルコトヲ得
第三十六條第九項ノ規定ハ第一項及前三項ノ場合ニ之ヲ準用ス
第一項ノ決定ハ文書ヲ以テ之ヲ爲シ其ノ理由ヲ附シ之ヲ本人ニ交付スヘシ
第三十九條　市會ノ第二十一條及第三十六條ノ場合ニ於テ府縣參事會ノ決定及裁決ハ府縣知事、市會ノ決定ハ市長直ニ之ヲ告示スヘシ
第四十條　本法又ハ本法ニ基キテ發スル勅令ニ依リ設置スル議會ノ議員ノ選擧ニ付テハ衆議院議員選擧ニ關スル罰則ヲ準用ス

第二款　職務權限

第四十一條　市會ハ市ニ關スル事件及法律勅令ニ依リ其ノ權限ニ屬スル事件ヲ議決ス
第四十二條　市會ノ議決スヘキ事件ノ概目左ノ如シ
一　市條例及市規則ヲ設ケ又ハ改廢スル事
二　市費ヲ以テ支辨スヘキ事業ニ關スル事但シ第九十三條ノ事務及法律勅令ニ規定アルモノハ此ノ限ニ在ラス
三　歳入出豫算ヲ定ムル事
四　決算報告ヲ認定スル事
五　法令ニ定ムルモノヲ除クノ外使用料、手數料、加入金、市税又ハ夫役現品ノ試課徴收ニ關スル事

六　不動産ノ管理處分及取得ニ關スル事
七　基本財産及積立金穀等ノ設置管理及處分ニ關スル事
八　歳入出豫算ヲ以テ定ムルモノヲ除クノ外新ニ義務ノ負擔ヲ爲シ及權利ノ拋棄ヲ爲ス事
九　財産及營造物ノ管理方法ヲ定ムル事但シ法律勅令ニ規定アルモノハ此ノ限ニ在ラス
十　市吏員ノ身元保證ニ關スル事
十一　市ニ係ル訴願訴訟及和解ニ關スル事
第四十三條　市會ハ其ノ權限ニ屬スル事項ノ一部ヲ市參事會ニ委任スルコトヲ得
第四十四條　市會ハ法律勅令ニ依リ其ノ權限ニ屬スル選擧ヲ行フヘシ
第四十五條　市會ハ市ノ事務ニ關スル書類及計算書ヲ檢閲シ市長ノ報告ヲ請求シテ事務ノ管理、議決ノ執行及出納ヲ檢査スルコトヲ得
市會ハ議員中ヨリ委員ヲ選擧シ市長又ハ其ノ指名シタル吏員立會ノ上實地ニ就キ前項市會ノ權限ニ屬スル事件ヲ行ハシムルコトヲ得
第四十六條　市會ハ市ノ公益ニ關スル事件ニ付意見書ヲ市長又ハ監督官廳ニ提出スルコトヲ得
第四十七條　市會ハ行政廳ノ諮問アルトキハ意見ヲ答申スヘシ
市會ノ意見ヲ徴シテ處分ヲ爲スヘキ場合ニ於テ市會成立セス、招集ニ應セス若ハ

意見ヲ提出セス又ハ市會ヲ招集スルコト能ハサルトキハ當該行政廳ハ其ノ意見ヲ俟タスシテ直ニ處分ヲ爲スコトヲ得

第四十八條　市會ハ議員中ヨリ議長及副議長一人ヲ選擧スヘシ
議長及副議長ノ任期ハ議員ノ任期ニ依ル

第四十九條　議長故障アルトキハ副議長之ニ代ハリ議長及副議長共ニ故障アルトキハ年長ノ議員議長ノ職務ヲ代理ス年齡同シキトキハ抽籤ヲ以テ之ヲ定ム

第五十條　市長及其ノ委任又ハ囑託ヲ受ケタル者ハ會議ニ列席シテ議事ニ參與スルコトヲ得但シ議決ニ加ハルコトヲ得ス
前項ノ列席者發言ヲ求ムルトキハ議長ハ直ニ之ヲ許スヘシ但シ之カ爲議員ノ演說ヲ中止セシムルコトヲ得ス

第五十一條　市會ハ市長之ヲ招集ス議員定數三分ノ一以上ノ請求アルトキハ市長ハ之ヲ招集スヘシ
市長ハ必要アル場合ニ於テハ會期ヲ定メテ市會ヲ招集スルコトヲ得
招集及會議ノ事件ハ開會ノ日ヨリ少クトモ三日前ニ之ヲ告知スヘシ但シ急施ヲ要スル場合ハ此ノ限ニ在ラス
市會開會中急施ヲ要スル事件アルトキハ市長ハ直ニ之ヲ其ノ會議ニ付スルコトヲ得三日前迄ニ告知ヲ爲シタル事件ニ付亦同シ
市會ハ市長之ヲ開閉ス

第五十二條　市會ハ議員定數ノ半數以上出席スルニ非サレハ會議ヲ開クコトヲ得ス但シ第五十四條ノ除斥ノ爲半數ニ滿タサルトキ同一ノ事件ニ付招集再回ニ至ルモ仍半數ニ滿タサルトキ又ハ招集ニ應スルモ出席議員定數ヲ闕キ議長ニ於テ出席ヲ催告シ仍半數ニ滿タサルトキハ此ノ限ニ在ラス

第五十三條　市會ノ議事ハ過半數ヲ以テ決ス可否同數ナルトキハ議長ノ決スル所ニ依ル

第五十四條　議長及議員ハ自己又ハ父母、祖父母、妻、子孫、兄弟姉妹ノ一身上ニ關スル事件ニ付テハ其ノ議事ニ參與スルコトヲ得ス但シ市會ノ同意ヲ得タルトキハ會議ニ出席シ發言スルコトヲ得

第五十五條　法律勅令ニ依リ市會ニ於テ選擧ヲ行フトキハ本法中別段ノ規定アル場合ヲ除クノ外一人毎ニ無記名投票ヲ爲シ有效投票ノ過半數ヲ得タル者ヲ以テ當選者トス過半數ヲ得タル者ナキトキハ最多數ヲ得タル者二人ヲ取リ之ニ就キ決選投票ヲ爲サシム其ノ二人ヲ取ルニ當リ同數者アルトキハ年長者ヲ取リ年齡同シキトキハ議長抽籤シテ之ヲ定ム此ノ決選投票ニ於テハ多數ヲ得タル者ヲ以テ當選者トス同數ナルトキハ年長者ヲ取リ年齡同シキトキハ議長抽籤シテ之ヲ定ム

前項ノ場合ニ於テハ第二十五條及第二十八條ノ規定ヲ準用シ投票ノ效力ニ關シ異議アルトキハ市會之ヲ決定ス

第一項ノ選擧ニ付テハ市會ハ其ノ議決ヲ以テ指名推選又ハ連名投票ノ法ヲ用ウル

コトヲ得其ノ連名投票ノ法ヲ用ツル場合ニ於テハ前二項ノ例ニ依ル

第五十六條　市會ノ會議ハ公開ス但シ左ノ場合ハ此ノ限ニ在ラス

一　市長ヨリ傍聽禁止ノ要求ヲ受ケタルトキ

二　議長又ハ議員三人以上ノ發議ニ依リ傍聽禁止ヲ可決シタルトキ

前項議長又ハ議員ノ發議ハ討論ヲ須ヰス其ノ可否ヲ決スヘシ

第五十七條　議長ハ會議ヲ總理シ會議ノ順序ヲ定メ其ノ日ノ會議ヲ開閉シ議場ノ秩序ヲ保持ス

議員定數ノ半數以上ヨリ請求アル時ハ議長ハ其日ノ會議ヲ開クコトヲ要ス、此場合ニ於テ議長仍會議ヲ開カサル時ハ第四十九條ノ例ニ依ル

前項議員ノ請求ニ依リ會議ヲ開キタル時又ハ議員中異議アル時ハ議長ハ會議ノ議決ニ依ルニ非サレハ其日ノ會議ヲ閉チ又ハ中止スルコトヲ得ス

第五十八條　議員ハ選擧人ノ指示又ハ委囑ヲ受クヘカラス

議員ハ會議中無禮ノ語ヲ用ヰ又ハ他人ノ身上ニ渉リ言論スルコトヲ得ス

第五十九條　會議中本法又ハ會議規則ニ違ヒ其ノ他議場ノ秩序ヲ紊ス議員アルトキハ議長ハ之ヲ制止シ又ハ發言ヲ取消サシメ命ニ從ハサルトキハ當日ノ會議ヲ終ル迄發言ヲ禁止シ又ハ議場外ニ退去セシメ必要アル場合ニ於テハ警察官吏ノ處分ヲ求ムルコトヲ得

議場騷擾ニシテ整理シ難キトキハ議長ハ當日ノ會議ヲ中止シ又ハ之ヲ閉ツルコトヲ得

第六十條　傍聽人公然可否ヲ表シ又ハ喧騷ニ渉リ其ノ他會議ノ妨害ヲ爲ストキハ議長ハ之ヲ制止シ命ニ從ハサルトキハ之ヲ退場セシメ必要アル場合ニ於テハ警察官吏ノ處分ヲ求ムルコトヲ得

傍聽席騒擾ナルトキハ議長ハ總テノ傍聽人ヲ退場セシメ必要アル場合ニ於テハ警察官吏ノ處分ヲ求ムルコトヲ得

第六十一條　市會ニ書記ヲ置キ議長ニ隷屬シテ庶務ヲ處理セシム
書記ハ議長之ヲ任免ス

第六十二條　議長ハ書記ヲシテ會議録ヲ調製シ會議ノ顚末及出席議員ノ氏名ヲ記載セシムヘシ
會議録ハ議長及議員二人以上之ニ署名スルコトヲ要ス其ノ議員ハ市會ニ於テ之ヲ定ムヘシ
議長ハ會議録ヲ添ヘ會議ノ結果ヲ市長ニ報告スヘシ

第六十三條　市會ハ會議規則及傍聽人取締規則ヲ設クヘシ
會議規則ニハ本法及會議規則ニ違反シタル議員ニ對シ市會ノ裁決ニ依リ三日以内出席ヲ停止シ又ハ二圓以下ノ過怠金ヲ科スル規定ヲ設クルコトヲ得

第三章　市參事會

第一款　組織及選擧

第六十四條　市ハ市參事會ヲ置キ左ノ職員ヲ以テ之ヲ組織ス
一　市長
二　助役
三　名譽職參事會員

前項ノ外市參與ヲ置ク市ニ於テハ市參與ハ參事會員トシテ其ノ擔任事業ニ關スル場合ニ限リ會議ニ列席シ議事ニ參與ス

第六十五條　名譽職參事會員ノ定數ハ六人トス但シ第六條ノ市ニ在リテハ市條例ヲ以テ十二人迄之ヲ增加スルコトヲ得

名譽職參事會員ハ市會ニ於テ其ノ議員中ヨリ之ヲ選擧スヘシ其ノ選擧ニ關シテハ第二十五條第二十八條及第三十條ノ規定ヲ準用シ投票ノ效力ニ關シ異議アルトキハ市會之ヲ決定ス

名譽職參事會員中闕員アルトキハ直ニ補闕選擧ヲ行フヘシ

名譽職參事會員ノ任期ハ市會議員ノ任期ニ依ル但シ市會議員ノ任期滿了ノ場合ニ於テハ後任名譽職參事會員選擧ノ日迄在任ス

第六十六條　市參事會ハ市長ヲ以テ議長トス市長故障アルトキハ市長代理者之ヲ代理ス

第二款　職務權利

第六十七條　市參事會ノ職務權限左ノ如シ

一　市會ノ權限ニ屬スル事件ニシテ其ノ委任ヲ受ケタルモノヲ議決スル事

二　市長ヨリ市會ニ提出スル議案ニ付市長ニ對シ意見ヲ述フル事

三　其ノ他法令ニ依リ市參事會ノ權限ニ屬スル事件

第六十八條　市參事會ハ市長之ヲ招集ス名譽職參事會員定數ノ半數以上ノ請求アル

トキハ市長ハ之ヲ招集スヘシ

第六十九條　市參事會ノ會議ハ傍聽ヲ許サス

第七十條　市參事會ハ議長又ハ其ノ代理者及名譽職參事會員定數ノ半數以上出席スルニ非サレハ會議ヲ開クコトヲ得ス但シ第二項ノ除斥ノ爲名譽職參事會員其ノ半數ニ滿タサルトキ、同一ノ事件ニ付招集再回ニ至ルモ仍名譽職參事會員其ノ半數ニ滿タサルトキ又ハ招集ニ應スルモ出席名譽職參事會員定數ヲ闕キ議長ニ於テ出席ヲ催告シ仍半數ニ滿タサルトキハ此ノ限ニ在ラス

議長及參事會員ハ自己又ハ父母、祖父母、妻、子孫、兄弟姉妹ノ一身上ニ關スル事件ニ付テハ其ノ議事ニ參與スルコトヲ得ス但シ市參事會ノ同意ヲ得タルトキハ會議ニ出席シ發言スルコトヲ得

議長及其ノ代理者共ニ前項ノ場合ニ當ルトキハ年長ノ名譽職參事會員議長ノ職務ヲ代理ス

第七十一條　第四十六條第四十七條第五十條第五十一條第二項及第五項第五十三條第五十五條第五十七條乃至第五十九條第六十一條並第六十二條第一項及第二項ノ規定ハ市參事會ニ之ヲ準用ス

第四章　市吏員

第一款　組織選擧及任免

第七十二條　市ニ市長及助役一人ヲ置ク但シ第六條ノ市ノ助役ノ定數ハ内務大臣之

ヲ定ム

助役ノ定數ハ市條例ヲ以テ之ヲ增加スルコトヲ得

特別ノ必要アル市ニ於テハ市條例ヲ以テ市參與ヲ置クコトヲ得其ノ定數ハ其ノ市條例中ニ之ヲ規定スヘシ

第七十三條　市長ハ有給吏員トシ其ノ任期ハ四年トス

内務大臣ハ市會ヲシテ市長候補者三人ヲ選擧推薦セシメ上奏裁可ヲ請フヘシ

市長ハ内務大臣ノ認可ヲ受クルニ非サレハ任期中退職スルコトヲ得ス

第七十四條　市參與ハ名譽職トス但シ定數ノ全部又ハ一部ヲ有給吏員ト爲スコトヲ得此ノ場合ニ於テハ第七十二條第三項ノ市條例中ニ之ヲ規定スヘシ

市參與ハ市會ニ於テ之ヲ選擧シ内務大臣ノ認可ヲ受クヘシ

名譽職市參與ハ市公民中選擧權ヲ有スル者ニ限ル

第七十五條　助役ハ有給吏員トシ其ノ任期ハ四年トス

助役ハ市長ノ推薦ニ依リ市會之ヲ定メ市長職ニ在ラサルトキハ市會ニ於テ之ヲ選擧シ府縣知事ノ認可ヲ受クヘシ

前項ノ場合ニ於テ府縣知事ノ不認可ニ對シ市長又ハ市會ニ於テ不服アルトキハ内務大臣ニ具狀シテ認可ヲ請フコトヲ得

助役ハ府縣知事ノ認可ヲ受クルニ非サレハ任期中退職スルコトヲ得ス

第七十六條　市長有給市參與及助役ハ第九條第一項ノ規定ニ拘ラス在職ノ間其ノ市

ノ公民トス

第七十七條　市長市參與及助役ハ第十八條第二項ニ掲ケタル職ト兼ヌルコトヲ得ス又其市ニ對シ請負ヲナシ及ヒ同一ノ行爲ヲナス者ノ支配人又ハ之ト同一ノ行爲ヲナス法人ノ無限責任社員タルコトヲ得ス

市長ト父子兄弟タル緣故アル者ハ市參與又ハ助役ノ職ニ在ルコトヲ得ス

市參與ト父子兄弟タル緣故アル者ハ助役ノ職ニ在ルコトヲ得ス

父子兄弟タル緣故アル者ハ同時ニ市參與又ハ助役ノ職ニ在ルコトヲ得ス第十八條第六項ノ規定ハ此ノ場合ニ之ヲ準用ス

第七十八條　市長有給市參與及助役ハ府縣知事ノ許可ヲ受クルニ非サレハ他ノ報償アル業務ニ從事スルコトヲ得ス

市長有給市參與及助役ハ會社ノ監査人又ハ支配人其ノ他ノ事務員タルコトヲ得ス

第七十九條　市ニ收入役一人ヲ置ク但シ市條例ヲ以テ副收入役ヲ置クコトヲ得

第七十五條第一項乃至第三項第七十七條第一項及第四項竝前條ノ規定ハ收入役乃至副收入役ニ第七十六條ノ規定ハ收入役ニ之ヲ準用ス

市長市參與又ハ助役ト父子兄弟タル緣故アル者ハ收入役又ハ副收入役ノ職ニ在ルコトヲ得ス收入役ト父子兄弟タル緣故アル者ハ副收入役ノ職ニ在ルコトヲ得ス

第八十條　第六條ノ市ノ區ニ區長一人ヲ置キ市有給吏員トシ市長之ヲ任免ス

第七十七條第一項及第七十八條ノ規定ハ區長ニ之ヲ準用ス

第八十一條　第六條ノ市ノ區ニ區收入役一人又ハ區收入役及區副收入役各一人ヲ置

ク
區收入役及區副收入役ハ第八十六條ノ吏員中市長、助役、市收入役、市副收入役又ハ區長トノ間及其ノ相互ノ間ニ父子兄弟タル緣故アラサル者ニ就キ市長之ヲ命ス
區收入役又ハ區副收入役ト爲リタル後市長、助役、市收入役、市副收入役又ハ區長トノ間ニ父子兄弟タル緣故生シタルトキハ區收入役又ハ區副收入役ハ其ノ職ヲ失フ
前項ノ規定ハ區收入役及區副收入役相互ノ間ニ於テ區副收入役ニ之ヲ準用ス
第八十二條　第六條ノ市ヲ除キ其ノ他ノ市ハ處務便宜ノ爲區ヲ劃シ區長及其ノ代理者一人ヲ置クコトヲ得ス
前項ノ區長及其ノ代理者ハ名譽職トス市會ニ於テ市公民中選擧權ヲ有スル者ヨリ之ヲ選擧ス
內務大臣ハ前項ノ規定ニ拘ラス區長ヲ有給吏員ト爲スヘキ市ヲ指定スルコトヲ得
前項ノ區ニ付テハ第八十條第八十一條第九十四條第二項第九十七條第四項第九十八條及第九十九條ノ規定ヲ準用スルノ外必要ナル事項ハ勅令ヲ以テ之ヲ定ム
第八十三條　市ハ臨時又ハ常設ノ委員ヲ置クコトヲ得
委員ハ名譽職トス市會ニ於テ市會議員、名譽職參事會員又ハ市公民中選擧權ヲ有スル者ヨリ之ヲ選擧ス但シ委員長ハ市長又ハ其ノ委任ヲ受ケタル市參與若ハ助役

チ以テ之チ充ツ
常設委員ノ組織ニ關シテハ市條例チ以テ別段ノ規定チ設クルコトチ得
第八十四條 市公民ニ限リテ擔任スヘキ職務ニ在ル吏員ニシテ市公民權チ喪失シ若ハ停止セラレタルトキ又ハ第十一條第三項ノ場合ニ當ルトキハ其ノ職チ失フ職ニ就キタルカ爲市公民タル者ニシテ禁治產若ハ準禁治產ノ宣告チ受ケタルトキ又ハ第十一條第二項若ハ第三項ノ場合ニ當ルトキ亦同シ
前項ノ職務ニ在ル者ニシテ禁錮以上ノ刑ニ當ルヘキ罪ノ爲豫審又ハ公判ニ付セラレタルトキハ監督官廳ハ其ノ職務ノ執行チ停止スルコトチ得此ノ場合ニ於テハ其ノ停止期間報酬又ハ給料チ支給スルコトチ得ス
第八十五條 前數條ニ定ムル者ノ外市ニ必要ノ有給吏員チ置キ市長之チ任免ス
前項吏員ノ定數ハ市會ノ議決チ經テ之チ定ム
第八十六條 前數條ニ定ムル者ノ外第六條及第八十二條第三項ノ市ノ區ニ必要ノ有給吏員チ置キ區長ノ申請ニ依リ市長之チ任免ス
前項吏員ノ定數ハ市會ノ議決チ經テ之チ定ム

第二款　職務權限

第八十七條 市長ハ市チ統轄シ市チ代表ス
市長ノ擔任スル事務ノ槪目左ノ如シ
一　市會及市參事會ノ議決チ經ヘキ事件ニ付其ノ議案チ發シ及其ノ議決チ執行

スル事

二　財產及營造物ヲ管理スル事但シ特ニ之カ管理者ヲ置キタルトキハ其ノ事務ヲ監督スル事

三　收入支出ヲ命令シ及會計ヲ監督スル事

四　證書及公文書類ヲ保管スル事

五　法令又ハ市會ノ議決ニ依リ使用料、手數料、加入金、市稅又ハ夫役現品ヲ賦課徵收スル事

六　其ノ他法令ニ依リ市長ノ職權ニ屬スル事項

第八十八條　市長ハ議案ヲ市會ニ提出スル前之ヲ市參事會ノ審査ニ付シ其ノ意見ヲ議案ニ添ヘ市會ニ提出スヘシ

前項ノ規定ニ依リ市參事會ノ審査ニ附シタル場合ニ於テ市參事會意見ヲ述ヘサル時ハ市長ハ其意見ヲ待タスシテ議案ヲ市會ニ提出スルコトヲ得

第八十九條　市長ハ市吏員ヲ指揮監督シ之ニ對シ懲戒ヲ行フコトヲ得其ノ懲戒處分ハ譴責及十圓以下ノ過怠金トス

第九十條　市會又ハ市參事會ノ議決又ハ選擧其ノ權限ヲ越エ又ハ法令若ハ會議規則ニ背クト認ムルトキハ市長ハ其ノ意見ニ依リ又ハ監督官廳ノ指揮ニ依リ理由ヲ示シテ之ヲ再議ニ付シ又ハ再選擧ヲ行ハシムヘシ其ノ執行ヲ要スルモノニ在リテハ之ヲ停止スヘシ

前項ノ場合ニ於テ市會又ハ市參事會其ノ議決ヲ改メサルトキハ市長ハ府縣參事會ノ裁決ヲ請フヘシ但シ特別ノ事由アルトキハ再議ニ付セスシテ直ニ裁決ヲ請フコ

トヲ得
監督官廳ハ第一項ノ議決又ハ選擧ヲ取消スコトヲ得但シ裁決ノ申請アリタルトキハ此ノ限ニ在ラス
第二項ノ裁決又ハ前項ノ處分ニ不服アル市長市會又ハ市參事會ハ行政裁判所ニ出訴スルコトヲ得
市會又ハ市參事會ノ議決公益ヲ害シ又ハ市ノ收支ニ關シ不適當ナリト認ムルトキハ市長ハ其ノ意見ニ依リ又ハ監督官廳ノ指揮ニ依リ理由ヲ示シテ之ヲ再議ニ付スヘシ其ノ執行ヲ要スルモノニ在リテハ之ヲ停止スヘシ
前項ノ場合ニ於テ市會又ハ市參事會其ノ議決ヲ改メサルトキハ市長ハ府縣參事會ノ裁決ヲ請フヘシ
前項ノ裁決ニ不服アル市長市會又ハ市參事會ハ内務大臣ニ訴願スルコトヲ得
第六項ノ裁決ニ付テハ府縣知事ヨリモ訴願ヲ提起スルコトヲ得
第二項ノ裁決ニ付テハ府縣知事ヨリモ訴訟ヲ提起スルコトヲ得
第九十一條　市會成立セサルトキ、第五十二條但書ノ場合ニ於テ仍會議ヲ開クコト能ハサルトキ又ハ市長ニ於テ市會ヲ招集スルノ暇ナシト認ムルトキハ市長ハ市會ノ權限ニ屬スル事件ヲ市參事會ノ議決ニ付スルコトヲ得
前項ノ規定ニ依リ市參事會ニ於テ議決ヲ爲ストキハ市長市參與及助役ハ其ノ議決ニ加ハルコトヲ得ス

市參事會成立セサルトキ又ハ第七十條第一項但書ノ場合ニ於テ仍會議ヲ開クコト能ハサルトキ市長ハ其ノ議決スヘキ事件ニ付府縣參事會ノ議決ヲ請フコトヲ得

市會又ハ市參事會ニ於テ其ノ議決スヘキ事件ヲ議決セサルトキハ前項ノ例ニ依ル

市會又ハ市參事會ノ決定スヘキ事件ニ關シテハ前四項ノ例ニ依ル此ノ場合ニ於ケル市參事會又ハ府縣參事會ノ決定ニ關シテハ各本條ノ規定ニ準シ訴願又ハ訴訟ヲ提起スルコトヲ得

第一項及前三項ノ規定ニ依ル處置ニ付テハ次回ノ會議ニ於テ之ヲ市會又ハ市參事會ニ報告スヘシ

第九十二條　市參事會ニ於テ議決又ハ決定スヘキ事件ニ關シ臨時急施ヲ要スル場合ニ於テ市參事會成立セサルトキ又ハ市長ニ於テ之ヲ招集スルノ暇ナシト認ムルトキハ市長ハ之ヲ專決シ次回ノ會議ニ於テ之ヲ市參事會ニ報告スヘシ

前項ノ規定ニ依リ市長ノ爲シタル處分ニ關シテハ各本條ノ規定ニ準シ訴願又ハ訴訟ヲ提起スルコトヲ得

第九十三條　市長其ノ他市吏員ハ法令ノ定ムル所ニ依リ國府縣其ノ他公共團體ノ事務ヲ掌ル

前項ノ事務ヲ執行スル爲要スル費用ハ市ノ負擔トス但シ法令中別段ノ規定アルモノハ此ノ限ニ在ラス

第九十四條　市長ハ府縣知事ノ許可ヲ得テ其ノ事務ノ一部ヲ助役ニ分掌セシムルコトヲ得但シ市ノ事務ニ付テハ豫メ市會ノ同意ヲ得ルコトヲ要ス

第六條ノ市ノ市長ハ前項ノ例ニ依リ其ノ事務ノ一部ヲ區長ニ分掌セシムルコトヲ得

市長ハ市吏員ヲシテ其ノ事務ノ一部ヲ臨時代理セシムルコトヲ得

第九十五條　市參與ハ市長ノ指揮監督ヲ承ケ市ノ經營ニ屬スル特別ノ事業ヲ擔任ス

第九十六條　助役ハ市長ノ事務ヲ補助ス

助役ハ市長故障アルトキ之ヲ代理ス助役數人アルトキハ豫メ市長ノ定メタル順序ニ依リ之ヲ代理ス

第九十七條　收入役ハ市ノ出納其ノ他ノ會計事務及第九十三條ノ事務ニ關スル國府縣其ノ他公共團體ノ出納其ノ他ノ會計事務ヲ掌ル但シ法令中別段ノ規定アルモノハ此ノ限ニ在ラス

副收入役ハ收入役ノ事務ヲ補助シ收入役故障アルトキ之ヲ代理ス副收入役數人アルトキハ豫メ市長ノ定メタル順序ニ依リ之ヲ代理ス

市長ハ府縣知事ノ許可ヲ得テ收入役ノ事務ノ一部ヲ副收入役ニ分掌セシムルコトヲ得但シ市ノ出納其ノ他ノ會計事務ニ付テハ豫メ市會ノ同意ヲ得ルコトヲ要ス

第六條ノ市ノ市長ハ前項ノ例ニ依リ收入役ノ事務ノ一部ヲ區收入役ニ分掌セシムルコトヲ得

副收入役ヲ置カサル場合ニ於テハ市ハ收入役故障アルトキ之ヲ代理スヘキ吏員ヲ定メ府縣知事ノ認可ヲ受クヘシ

第九十八條　第六條ノ市ノ區長ハ市長ノ命ヲ承ケ又ハ法令ノ定ムル所ニ依リ區内ニ關スル市ノ事務及區ノ事務ヲ掌ル

區長其ノ他區所屬ノ吏員ハ市長ノ命ヲ承ケ又ハ法令ノ定ムル所ニ依リ國府縣其ノ他公共團體ノ事務ヲ掌ル

區長故障アルトキハ區收入役及區副收入役ニ非サル區所屬ノ吏員中上席者ヨリ順次之ヲ代理ス

第一項及第二項ノ事務ヲ執行スル爲要スル費用ハ市ノ負擔トス但シ法令中別段ノ規定アルモノハ此ノ限ニ在ラス

第九十九條　第六條ノ市ノ區收入役ハ市收入役ノ命ヲ承ケ又ハ法令ノ定ムル所ニ依リ市及區ノ出納其ノ他ノ會計事務竝國府縣其ノ他公共團體ノ出納其ノ他ノ會計事務ヲ掌ル

區長ハ市長ノ許可ヲ得テ區收入役ノ事務ノ一部ヲ區副收入役ニ分掌セシムルコトヲ得但シ區ノ出納其ノ他ノ會計事務ニ付テハ豫メ區會ノ同意ヲ得ルコトヲ要ス

市長ハ市ノ出納其ノ他ノ會計事務ニ付前項ノ許可ヲ爲ス場合ニ於テハ豫メ市會ノ同意ヲ得ルコトヲ要ス

區副收入役ヲ置カサル場合ニ於テハ市長ハ區收入役故障アルトキハ之ヲ代理スヘ

キ吏員ヲ定ムヘシ

區收入役及區副收入役ノ職務權限ニ關シテハ前四項ニ規定スルモノノ外市收入役及市副收入役ニ關スル規定ヲ準用ス

第百條　名譽職區長ハ市長ノ命ヲ承ケ市長ノ事務ニシテ區内ニ關スルモノヲ補助ス

名譽職區長代理者ハ區長ノ事務ヲ補助シ區長故障アルトキ之ヲ代理ス

第百一條　委員ハ市長ノ指揮監督ヲ承ケ財產又ハ營造物ヲ管理シ其ノ他委託ヲ受ケタル市ノ事務ヲ調査シ又ハ之ヲ處辨ス

第百二條　第八十五條ノ吏員ハ市長ノ命ヲ承ケ事務ニ從事ス

第百三條　第八十六條ノ吏員ニ區長ノ命ヲ承ケ事務ニ從事ス

區長ハ前項ノ吏員ヲシテ其ノ事務ノ一部ヲ臨時代理セシムルコトヲ得

第五章　給料及給與

第百四條　名譽職市參與、市會議員、名譽職參事會員其ノ他ノ名譽職員ハ職務ノ爲要スル費用ノ辨償ヲ受クルコトヲ得

名譽職市參與、名譽職區長、名譽職區長代理者及委員ニハ費用辨償ノ外勤務ニ相當スル報酬ヲ給スルコトヲ得

費用辨償額、報酬額及其ノ支給方法ハ市會ノ議決ヲ經テ之ヲ定ム

第百五條　市長、有給市參與、助役其ノ他ノ有給吏員ノ給料額、旅費額及其ノ支給

方法ハ市會ノ議決ヲ經テ之ヲ定ム

第百六條　有給吏員ニハ市條例ノ定ムル所ニ依リ退隱料、退職給與金、死亡給與金又ハ遺族扶助料ヲ給スルコトヲ得

第百七條　費用辨償、報酬給料、旅費、退隱料、退職給與金、死亡給與金又ハ遺族扶助料ノ給與ニ付關係者ニ於テ異議アルトキハ之ヲ市長ニ申立ツルコトヲ得

前項ノ異議ハ之ヲ市參事會ノ決定ニ付スヘシ關係者其ノ決定ニ不服アルトキハ府縣參事會ニ訴願シ其ノ裁決又ハ第三項ノ裁決ニ不服アルトキハ行政裁判所ニ出訴スルコトヲ得

前項ノ決定及裁決ニ付テハ市長ヨリ訴願又ハ訴訟ヲ提起スルコトヲ得

第二項ノ裁決ニ付テハ府縣知事ヨリモ訴訟ヲ提起スルコトヲ得

第百八條　費用辨償、報酬、給料、旅費、退隱料、退職給與金、死亡給與金、遺族扶助料其ノ他ノ給與ハ市ノ負擔トス

第六章　市ノ財務

第一款　財産營造物及市稅

第百九條　收益ノ爲ニスル市ノ財産ハ基本財産トシ之ヲ維持スヘシ

市ハ特定ノ目的ノ爲特別ノ基本財産ヲ設ケ又ハ金穀等ヲ積立ツルコトヲ得

第百十條　舊來ノ慣行ニ依リ市住民中特ニ財産又ハ營造物ヲ使用スル權利ヲ有スル者アルトキハ其ノ舊慣ニ依ル舊慣ヲ變更又ハ廢止セムトスルトキハ市會ノ議決ヲ

經ヘシ

前項ノ財産又ハ營造物ヲ新ニ使用セムトスル者アルトキハ市ハ之ヲ許可スルコトヲ得

第百十一條 市ハ前條ニ規定スル財産ノ使用方法ニ關シ市規則ヲ設クルコトヲ得

第百十二條 市ハ第百十條第一項ノ使用者ヨリ使用料ヲ徵收シ同條第二項ノ使用ニ關シテハ使用料若ハ一時ノ加入金ヲ徵收シ又ハ使用料及加入金ヲ共ニ徵收スルコトヲ得

第百十三條 市ハ營造物ノ使用ニ付使用料ヲ徵收スルコトヲ得

市ハ特ニ一個人ノ爲ニスル事務ニ付手數料ヲ徵收スルコトヲ得

第百十四條 財産ノ賣却貸與、工事ノ請負及物件勞力其ノ他ノ供給ハ競爭入札ニ付スヘシ但シ臨時急施ヲ要スルトキ、入札ノ價額其ノ費用ニ比シテ得失相償ハサルトキ又ハ市會ノ同意ヲ得タルトキハ此ノ限ニ在ラス

第百十五條 市ハ其ノ公益上必要アル場合ニ於テハ寄附又ハ補助ヲ爲スコトヲ得

第百十六條 市ハ其ノ必要ナル費用及從來法令ニ依リ又ハ將來法律勅令ニ依リ市ノ負擔ニ屬スル費用ヲ支辨スル義務ヲ負フ

市ハ其ノ財産ヨリ生スル收入、使用料、手數料、過料、過怠金其ノ他法令ニ依リ市ニ屬スル收入ヲ以テ前項ノ支出ニ充テ仍不足アルトキハ市稅及夫役現品ヲ賦課徵收スルコトヲ得

第百十七條　市税トシテ賦課スルコトヲ得ヘキモノ左ノ如シ
一　國税府縣税ノ附加税
二　特別税
直接國税又ハ直接府縣税ノ附加税ハ均一ノ税率ヲ以テ之ヲ徴收スヘシ但シ第百六十七條ノ規定ニ依リ許可ヲ受ケタル場合ハ此ノ限ニ在ラス
國税ノ附加税タル府縣税ニ對シテハ附加税ヲ賦課スルコトヲ得ス
特別税ハ別ニ税目ヲ起シテ課税スルノ必要アルトキ賦課徴收スルモノトス
第百十八條　三月以上市内ニ滯在スル者ハ其ノ滯在ノ初ニ遡リ市税ヲ納ムル義務ヲ負フ
第百十九條　市内ニ住所ヲ有セス又ハ三月以上滯在スルコトナシト雖市内ニ於テ土地家屋物件ヲ所有シ使用シ若ハ占有シ、市内ニ營業所ヲ設ケテ營業ヲ爲シ又ハ市内ニ於テ特定ノ行爲ヲ爲ス者ハ其ノ土地家屋物件營業若ハ其ノ收入ニ對シ又ハ其ノ行爲ニ對シテ賦課スル市税ヲ納ムル義務ヲ負フ
第百二十條　納税者ノ市外ニ於テ所有シ使用シ占有スル土地家屋物件若ハ其ノ收入又ハ市外ニ於テ營業所ヲ設ケタル營業若ハ其ノ收入ニ對シテハ市税ヲ賦課スルコトヲ得ス
市ノ内外ニ於テ營業所ヲ設ケ營業ヲ爲ス者ニシテ其ノ營業又ハ收入ニ對スル本税ヲ分別シテ納メサルモノニ對シ附加税ヲ賦課スル場合及住所滯在市ノ内外ニ渉ル

者ノ收入ニシテ土地家屋物件又ハ營業所ヲ設ケタル營業ヨリ產スル收入ニ非サルモノニ對シ市稅ヲ賦課スル場合ニ付テハ勅令ヲ以テ之ヲ定ム

第百二十一條 所得稅法第十八條ニ揭クル所得ニ對シテハ市稅ヲ賦課スルコトヲ得ス

神社寺院祠宇佛堂ノ用ニ供スル建物及其ノ境內地竝敎會所說敎所ノ用ニ供スル建物及其ノ構內地ニ對シテハ市稅ヲ賦課スルコトヲ得ス但シ有料ニテ之ヲ使用セシムル者及住宅ヲ以テ敎會所說敎所ノ用ニ充ツル者ニ對シテハ此ノ限ニ在ラス

國府縣市町村其ノ他公共團體ニ於テ公用ニ供スル家屋物件及營造物ニ對シテハ市稅ヲ賦課スルコトヲ得ス但シ有料ニテ之ヲ使用セシムル者及使用收益者ニ對シテハ此ノ限ニ在ラス

國ノ事業又ハ行爲及國有ノ土地家屋物件ニ對シテハ國ニ市稅ヲ賦課スルコトヲ得ス

前四項ノ外市稅ヲ賦課スルコトヲ得サルモノハ別ニ法律勅令ノ定ムル所ニ依ル

第百二十二條 數人ヲ利スル營造物ノ設置維持其ノ他ノ必要ナル費用ハ其ノ關係者ニ負擔セシムルコトヲ得

市ノ一部ヲ利スル營造物ノ設置維持其ノ他ノ必要ナル費用ハ其ノ部內ニ於テ市稅ヲ納ムル義務アル者ニ負擔セシムルコトヲ得

前二項ノ場合ニ於テ營造物ヨリ生スル收入アルトキハ先ツ其ノ收入ヲ以テ其ノ費

用ニ充ツヘシ前項ノ場合ニ於テ其ノ一部ノ收入アルトキ亦同シ
數人又ハ市ノ一部ヲ利スル財産ニ付テハ前三項ノ例ニ依ル
第百二十三條　市税及其ノ賦課徵收ニ關シテハ本法其ノ他ノ法律ニ規定アルモノノ外勅令ヲ以テ定ムルコトヲ得
第百二十四條　數人又ハ市ノ一部ニ對シ特ニ利益アル事件ニ關シテハ市ハ不均一ノ賦課ヲ爲シ又ハ數人若ハ市ノ一部ニ對シ賦課ヲ爲スコトヲ得
第百二十五條　夫役又ハ現品ハ直接市税ヲ準率ト爲シ且之ヲ金額ニ算出シテ賦課スヘシ但シ第百六十七條ノ規定ニ依リ許可ヲ受ケタル場合ハ此ノ限ニ在ラス
學藝美術及手工ニ關スル勞務ニ付テハ夫役ヲ賦課スルコトヲ得
夫役ヲ賦課セラレタル者ハ本人自ラ之ニ當リ又ハ適當ノ代人ヲ出スコトヲ得
夫役又ハ現品ハ金錢ヲ以テ之ニ代フルコトヲ得
第一項及前項ノ規定ハ急迫ノ場合ニ賦課スル夫役ニ付テハ之ヲ適用セス
第百二十六條　非常災害ノ爲必要アルトキハ市ハ他人ノ土地ヲ一時使用シ又ハ其ノ土石竹木其ノ他ノ物品ヲ使用シ若ハ收用スルコトヲ得但シ其ノ損失ヲ補償スヘシ
前項ノ場合ニ於テ危險防止ノ爲必要アルトキハ市長、警察官吏又ハ監督官廳ハ市內ノ居住者ヲシテ防禦ニ從事セシムルコトヲ得第一項但書ノ規定ニ依リ補償スヘキ金額ハ協議ニ依リ之ヲ定ム協議調ハサルトキハ鑑定人ノ意見ヲ徴シ府縣知事之ヲ決定ス決定ヲ受ケタル者其ノ決定ニ不服アルトキハ内務大臣ニ訴願スルコトヲ得

第百二十七條 市税ノ賦課ニ關シ必要アル場合ニ於テハ當該吏員ハ日出ヨリ日沒迄ノ間營業者ニ關シテハ仍其ノ營業時間内家宅若ハ營業所ニ臨檢シ又ハ帳簿物件ノ檢査ヲ爲スコトヲ得

前項ノ場合ニ於テハ當該吏員ハ其ノ身分ヲ證明スヘキ證票ヲ携帶スヘシ

第百二十八條 市長ハ納税者中特別ノ事情アル者ニ對シ納税延期ヲ許スコトヲ得其ノ年度ヲ越ユル場合ハ市參事會ノ議決ヲ經ヘシ

市ハ特別ノ事情アル者ニ限リ市税ヲ減免スルコトヲ得

第百二十九條 使用料手數料及特別税ニ關スル事項ニ付テハ市條例ヲ以テ之ヲ規定スヘシ其ノ條例中ニハ五圓以下ノ過料ヲ科スル規定ヲ設クルコトヲ得

財産又ハ營造物ノ使用ニ關シテハ市條例ヲ以テ五圓以下ノ過料ヲ科スル規定ヲ設ケルコトヲ得

過料ノ處分ヲ受ケタル者其ノ處分ニ不服アルトキハ府縣參事會ニ訴願シ其ノ裁決ニ不服アルトキハ行政裁判所ニ出訴スルコトヲ得

前項ノ裁決ニ付テハ府縣知事又ハ市長ヨリモ訴訟ヲ提起スルコトヲ得

第百三十條 市税ノ賦課ヲ受ケタル者其ノ賦課ニ付違法又ハ錯誤アリト認ムルトキ

ハ徴收令書ノ交付ヲ受ケタル日ヨリ三月以内ニ市長ニ異議ノ申立ヲ爲スコトヲ得

財產又ハ營造物ヲ使用スル權利ニ關シ異議アル者ハ之ヲ市長ニ申立ツルコトヲ得

前二項ノ異議ハ之ヲ市參事會ノ決定ニ付スヘシ決定ヲ受ケタル者其ノ決定ニ不服アルトキハ府縣參事會ニ訴願シ其ノ裁決又ハ第五項ノ裁決ニ不服アルトキハ行政裁判所ニ出訴スルコトヲ得

第一項及前項ノ規定ハ使用料手數料及加入金ノ徴收並夫役現品ノ賦課ニ關シ之ヲ準用ス

前二項ノ規定ニ依ル決定及裁決ニ付テハ市長ヨリモ訴願又ハ訴訟ヲ提起スルコトヲ得

前三項ノ規定ニ依ル裁決ニ付テハ府縣知事ヨリモ訴訟ヲ提起スルコトヲ得

第百三十一條　市稅、使用料、手數料、加入金、過料、過怠金其ノ他ノ市ノ收入ヲ定期内ニ納メサル者アルトキハ市長ハ期限ヲ指定シテ之ヲ督促スヘシ

夫役現品ノ賦課ヲ受ケタル者定期内ニ其ノ履行ヲ爲サス又ハ夫役現品ニ代フル金錢ヲ納メサルトキハ市長ハ期限ヲ指定シテ之ヲ督促スヘシ急迫ノ場合ニ賦課シタル夫役ニ付テハ更ニ之ヲ金額ニ算出シ期限ヲ指定シテ其ノ納付ヲ命スヘシ

前二項ノ場合ニ於テハ市條例ノ定ムル所ニ依リ手數料ヲ徴收スルコトヲ得

滯納者第一項又ハ第二項ノ督促又ハ命令ヲ受ケ其ノ指定ノ期限内ニ之ヲ完納セサルトキハ國税滯納處分ノ例ニ依リ之ヲ處分スヘシ

第一項乃至第三項ノ徴收金ハ府縣ノ徴收金ニ次テ先取特權ヲ有シ其ノ追徴還付及時效ニ付テハ國税ノ例ニ依ル

前三項ノ處分ヲ受ケタル者其ノ處分ニ不服アルトキハ府縣參事會ニ訴願シ其ノ裁決ニ不服アルトキハ行政裁判所ニ出訴スルコトヲ得

前項ノ裁決ニ付テハ府縣知事又ハ市長ヨリモ訴訟ヲ提起スルコトヲ得

第四項ノ處分中差押物件ノ公賣ハ處分ノ確定ニ至ル迄執行ヲ停止ス

第百三十二條　市ハ其ノ負債ヲ償還スル爲、市ノ永久ノ利益ト爲ルヘキ支出ヲ爲ス爲又ハ天災事變等ノ爲必要アル場合ニ限リ市債ヲ起スコトヲ得

市債ヲ起スニ付市會ノ議決ヲ經ルトキハ併セテ起債ノ方法利息ノ定率及償還ノ方法ニ付議決ヲ經ヘシ

市長ハ豫算内ノ支出ヲ爲ス爲市參事會ノ議決ヲ經テ一時ノ借入金ヲ爲スコトヲ得

前項ノ借入金ハ其ノ會計年度内ノ收入ヲ以テ償還スヘシ

第二款　歳入出豫算及決算

第百三十三條　市長ハ毎會計年度歳入出豫算ヲ調製シ遲クトモ年度開始ノ一月前ニ市會ノ議決ヲ經ヘシ

市ノ會計年度ハ政府ノ會計年度ニ依ル

豫算ヲ市會ニ提出スルトキハ市長ハ併セテ事務報告書及財産表ヲ提出スヘシ

第百三十四條　市長ハ市會ノ議決ヲ經テ既定豫算ノ追加又ハ更正ヲ爲スコトヲ得

第百三十五條　市費ヲ以テ支辨スル事件ニシテ數年ヲ期シテ其ノ費用ヲ支出スヘキモノハ市會ノ議決ヲ經テ其ノ年期間各年度ノ支出額ヲ定メ繼續費ト爲スコトヲ得

第百三十六條　市ハ豫算外ノ支出又ハ豫算超過ノ支出ニ充ツル爲豫備費ヲ設クヘシ
特別會計ニハ豫備費ヲ設ケサルコトヲ得
豫備費ハ市會ノ否決シタル費途ニ充ツルコトヲ得ス

第百三十七條　豫算ハ議決ヲ經タル後直ニ之ヲ府縣知事ニ報告シ且其ノ要領ヲ告示スヘシ

第百三十八條　市ハ特別會計ヲ設クルコトヲ得

第百三十九條　市會ニ於テ豫算ヲ議決シタルトキハ市長ヨリ其ノ謄本ヲ收入役ニ交付スヘシ
收入役ハ市長又ハ監督官廳ノ命令アルニ非サレハ支拂ヲ爲スコトヲ得ス命令ヲ受クルモ支出ノ豫算ナク且豫備費支出、費目流用其ノ他財務ニ關スル規定ニ依リ支出ヲ爲スコトヲ得サルトキ亦同シ

第百四十條　市ノ支拂金ニ關スル時效ニ付テハ政府ノ支拂金ノ例ニ依ル

第百四十一條　市ノ出納ハ毎月例日ヲ定メテ之ヲ檢査シ且毎會計年度少クトモ二回

臨時檢査ヲ爲スヘシ
檢査ハ市長之ヲ爲シ臨時檢査ニハ名譽職參事會員ニ於テ互選シタル參事會員二人以上ノ立會ヲ要ス

第百四十二條　市ノ出納ハ翌年度六月三十日ヲ以テ閉鎖ス
決算ハ出納閉鎖後一月以内ニ證書類ヲ併セテ收入役ヨリ之ヲ市長ニ提出スヘシ市長ハ之ヲ審査シ意見ヲ附シテ次ノ通常豫算ヲ議スル會議迄ニ之ヲ市會ノ認定ニ付スヘシ
決算ハ其ノ認定ニ關スル市會ノ議決ト共ニ之ヲ府縣知事ニ報告シ且其ノ要領ヲ告示スヘシ
決算ヲ市參事會ノ會議ニ付スル場合ニ於テハ市長市參與及助役ハ其ノ議決ニ加ハルコトヲ得ス

第百四十三條　豫算ノ調製ノ式、費目流用其ノ他財務ニ關シ必要ナル規定ハ内務大臣之ヲ定ム

第七章　市ノ一部ノ事務

第百四十四條　市ノ一部ニシテ財産ヲ有シ又ハ營造物ヲ設ケタルモノアルトキハ其ノ財産又ハ營造物ノ管理及處分ニ付テハ本法中市ノ財産又ハ營造物ニ關スル規定ニ依ル但シ法律勅令中別段ノ規定アル場合ハ此ノ限ニ在ラス
前項ノ財産又ハ營造物ニ關シ特ニ要スル費用ハ其ノ財産又ハ營造物ノ屬スル市ノ一部ノ負擔トス

前二項ノ場合ニ於テハ市ノ一部ハ其ノ會計ヲ分別スヘシ

第百四十五條　前條ノ財産又ハ營造物ニ關シ必要アリト認ムルトキハ府縣知事ハ市會ノ意見ヲ徴シ府縣參事會ノ議決ヲ經テ市條例ヲ設定シ區會ヲ設ケテ市會ノ議決スヘキ事項ヲ議決セシムルコトヲ得

第百四十六條　區會議員ハ市ノ名譽職トス其ノ定數、任期、選擧權及被選擧權ニ關スル事項ハ前條ノ市條例中ニ之ヲ規定スヘシ

區會議員ノ選擧ニ付テハ市會議員ニ關スル規定ヲ準用ス但シ選擧人名簿又ハ選擧若ハ當選ノ效力ニ關スル異議ノ決定及被選擧權ノ有無ノ決定ハ市會ニ於テ之ヲ爲スヘシ

區會議員ノ選擧ニ付テハ前條ノ市條例ヲ以テ選擧人ノ等級ヲ設ケサルコトヲ得

第百四十七條　區會ニ關シテハ市會ニ關スル規定ヲ準用ス

第百四十八條　第百四十四條ノ場合ニ於テ市ノ一部府縣知事ノ處分ニ不服アルトキハ内務大臣ニ訴願スルコトヲ得

第百四十四條ノ市ノ一部ノ事務ニ關シテハ本法ニ規定スルモノノ外勅令ヲ以テ之ヲ定ム

第八章　市町村組合

第百四十九條　市町村ハ其ノ事務ノ一部ヲ共同處理スル爲其ノ協議ニ依リ府縣知事ノ許可ヲ得テ市町村組合ヲ設クルコトヲ得

公益上必要アル場合ニ於テハ府縣知事ハ關係アル市町村會ノ意見ヲ徵シ府縣參事會ノ議決ヲ經内務大臣ノ許可ヲ得テ前項ノ市町村組合ヲ設クルコトヲ得

市町村組合ハ法人トス

第百五十條　市町村組合ニシテ其ノ組合市町村ノ數ヲ增減シ又ハ共同事務ノ變更ヲ爲サムトスルトキハ關係市町村ノ協議ニ依リ府縣知事ノ許可ヲ受クヘシ

公益上必要アル場合ニ於テハ府縣知事ハ關係アル市町村會ノ意見ヲ徵シ府縣參事會ノ議決ヲ經内務大臣ノ許可ヲ得テ組合市町村ノ數ヲ增減シ又ハ共同事務ノ變更ヲ爲スコトヲ得

第百五十一條　市町村組合ヲ設クルトキハ關係市町村ノ協議ニ依リ組合規約ヲ定メ府縣知事ノ許可ヲ受クヘシ組合規約ヲ變更セムトスルトキ亦同シ

公益上必要アル場合ニ於テハ府縣知事ハ關係アル市町村會ノ意見ヲ徵シ府縣參事會ノ議決ヲ經内務大臣ノ許可ヲ得テ組合規約ヲ定メ又ハ變更スルコトヲ得

第百五十二條　組合規約ニハ組合ノ名稱、組合ヲ組織スル市町村、組合ノ共同事務、組合役場ノ位置、組合會ノ組織及組合會議員ノ選擧、組合吏員ノ組織及選任並組合費用ノ支辨方法ニ付規定ヲ設クヘシ

第百五十三條　市町村組合ヲ解カムトスルトキハ關係市町村ノ協議ニ依リ府縣知事ノ許可ヲ受クヘシ

公益上必要アル場合ニ於テハ府縣知事ハ關係アル市町村會ノ意見ヲ徵シ府縣參事

會ノ議決ヲ經内務大臣ノ許可ヲ得テ市町村組合ヲ解クコトヲ得

第百五十四條　第百五十條第一項及前條第一項ノ場合ニ於テ財産ノ處分ニ關スル事項ハ關係市町村ノ協議ニ依リ府縣知事ノ許可ヲ受クヘシ

第百五十條第二項及前條第二項ノ場合ニ於テ財産ノ處分ニ關スル事項ハ關係アル市町村會ノ意見ヲ徴シ府縣參事會ノ議決ヲ經内務大臣ノ許可ヲ得テ府縣知事之ヲ定ム

第百五十五條　第百四十九條第一項第百五十條第一項第百五十一條第一項第百五十三條第一項及前條第一項ノ規定ニ依ル府縣知事ノ處分ニ不服アル市町村又ハ市町村組合ハ内務大臣ニ訴願スルコトヲ得

組合費ノ分賦ニ關シ違法又ハ錯誤アリト認ムル市町村ハ其ノ告知アリタル日ヨリ三月以内ニ組合ノ管理者ニ異議ノ申立ヲ爲スコトヲ得

前項ノ異議ハ之ヲ組合會ノ決定ニ付スヘシ其ノ決定ニ不服アル市町村ハ府縣參事會ニ訴願シ其ノ裁決又ハ第四項ノ裁決ニ不服アルトキハ行政裁判所ニ出訴スルコトヲ得

前項ノ決定及裁決ニ付テハ組合ノ管理者ヨリモ訴願又ハ訴訟ヲ提起スルコトヲ得

前二項ノ裁決ニ付テハ府縣知事ヨリモ訴訟ヲ提起スルコトヲ得

第百五十六條　市町村組合ニ關シテハ法律勅令中別段ノ規定アル場合ヲ除クノ外市

ニ關スル規定ヲ準用ス

第九章　市ノ監督

第百五十七條　市ハ第一次ニ於テ府縣知事之ヲ監督シ第二次ニ於テ内務大臣之ヲ監督ス

第百五十八條　本法中別段ノ規定アル場合ヲ除クノ外市ノ監督ニ關スル府縣知事ノ處分ニ不服アル市ハ内務大臣ニ訴願スルコトヲ得

第百五十九條　本法中行政裁判所ニ出訴スルコトヲ得ヘキ場合ニ於テハ内務大臣ニ訴願スルコトヲ得ス

第百六十條　異議ノ申立又ハ訴願ノ提起ハ處分決定又ハ裁決アリタル日ヨリ二十一日以内ニ之ヲ爲スヘシ但シ本法中別ニ期間ヲ定メタルモノハ此ノ限ニ在ラス

行政訴訟ノ提起ハ處分決定裁定又ハ裁決アリタル日ヨリ三十日以内ニ之ヲ爲スヘシ

異議ノ申立ニ關スル期間ノ計算ニ付テハ訴願法ノ規定ニ依ル

異議ノ申立ハ期限經過後ニ於テモ宥恕スヘキ事由アリト認ムルトキハ仍之ヲ受理スルコトヲ得

異議ノ決定ハ文書ヲ以テ之ヲ爲シ其ノ理由ヲ附シ之ヲ申立人ニ交付スヘシ

異議ノ申立アルモ處分ノ執行ハ之ヲ停止セス但シ行政廳ハ其ノ職權ニ依リ又ハ關係者ノ請求ニ依リ必要ト認ムルトキハ之ヲ停止スルコトヲ得

第百六十一條　監督官廳ハ市ノ監督上必要アル場合ニ於テハ事務ノ報告ヲ爲サシメ、書類帳簿ヲ徴シ及實地ニ就キ事務ヲ視察シ又ハ出納ヲ檢閲スルコトヲ得

監督官廳ハ市ノ監督上必要ナル命令ヲ發シ又ハ處分ヲ爲スコトヲ得

上級監督官廳ハ下級監督官廳ノ市ノ監督ニ關シテ爲シタル命令又ハ處分ヲ停止シ又ハ取消スコトヲ得

第百六十二條　内務大臣ハ市會ノ解散ヲ命スルコトヲ得

市會解散ノ場合ニ於テハ三月以内ニ議員ヲ選擧スヘシ

第百六十三條　市ニ於テ法令ニ依リ負擔シ又ハ當該官廳ノ職權ニ依リ命スル費用ヲ豫算ニ載セサルトキハ府縣知事ハ理由ヲ示シテ其ノ費用ヲ豫算ニ加フルコトヲ得

市長其ノ他ノ吏員其ノ執行スヘキ事件ヲ執行セサルトキハ府縣知事又ハ其ノ委任ヲ受ケタル官吏吏員之ヲ執行スルコトヲ得但シ其ノ費用ハ市ノ負擔トス

前二項ノ處分ニ不服アル市又ハ市長其ノ他ノ吏員ハ行政裁判所ニ出訴スルコトヲ得

第百六十四條　市長、助役、收入役又ハ副收入役ニ故障アルトキハ監督官廳ハ臨時代理者ヲ選任シ又ハ官吏ヲ派遣シ其ノ職務ヲ管掌セシムルコトヲ得但シ官吏ヲ派遣シタル場合ニ於テハ其ノ旅費ハ市費ヲ以テ辨償セシムヘシ

臨時代理者ハ有給ノ市吏員トシ其ノ給料額旅費額等ハ監督官廳之ヲ定ム

第百六十五條　左ニ掲クル事件ハ内務大臣ノ許可ヲ受クヘシ

一　市條例ヲ設ケ又ハ改廢スル事

二　學藝美術又ハ歴史上貴重ナル物件ヲ處分シ又ハ之ニ大ナル變更ヲ加フル事

第百六十六條　左ニ掲クル事件ハ内務大臣及大藏大臣ノ許可ヲ受クヘシ

一　市債ヲ起シ並起債ノ方法、利息ノ定率及償還ノ方法ヲ定メ又ハ之ヲ變更スル事但シ第百三十二條第三項ノ借入金ハ此ノ限ニ在ラス

二　特別税ヲ新設シ増額シ又ハ變更スル事

三　間接國税ノ附加税ヲ賦課スル事

四　使用料手數料及加入金ヲ新設シ増額シ又ハ變更スル事

第百六十七條　左ニ掲クル事件ハ府縣知事ノ許可ヲ受クヘシ

一　基本財産ノ管理及處分ニ關スル事

二　特別基本財産及積立金穀等ノ管理及處分ニ關スル事

三　第百十條ノ規定ニ依リ舊慣ヲ變更又ハ廢止スル事

四　寄附又ハ補助ヲ爲ス事

五　不動産ノ管理及處分ニ關スル事

六　均一ノ税率ニ依ラスシテ國税又ハ府縣税ノ附加税ヲ賦課スル事

七　第百二十二條第一項第二項及第四項ノ規定ニ依リ數人又ハ市ノ一部ニ費用ヲ負擔セシムル事

八　第百二十四條ノ規定ニ依リ不均一ノ賦課ヲ爲シ又ハ數人若ハ市ノ一部ニ對シ賦課ヲ爲ス事

九　第百二十五條ノ準率ニ依ラスシテ夫役現品ヲ賦課スル事但シ急迫ノ場合ニ賦課スル夫役ニ付テハ此ノ限ニ在ラス

十　繼續費ヲ定メ又ハ變更スル事

第百六十八條　監督官廳ノ許可ヲ要スル事件ニ付テハ監督官廳ハ許可申請ノ趣旨ニ反セスト認ムル範圍内ニ於テ更正シテ許可ヲ與フルコトヲ得

第百六十九條　監督官廳ノ許可ヲ要スル事件ニ付テハ勅令ノ定ムル所ニ依リ其ノ許可ノ職權ヲ下級監督官廳ニ委任シ又ハ輕易ナル事件ニ限リ許可ヲ受ケシメサルコトヲ得

第百七十條　府縣知事ハ市長、市參與、助役、收入役、副收入役、區長、區長代理者、委員其ノ他ノ市吏員ニ對シ懲戒ヲ行フコトヲ得其ノ懲戒處分ハ譴責、二十五圓以下ノ過怠金及解職トス但シ市長、市參與、助役、收入役、副收入役及第六條又ハ第八十二條第三項ノ市ノ區長ニ對スル解職ハ懲戒審査會ノ議決ヲ經市長ニ付テハ勅裁ヲ經ルコトヲ要ス

懲戒審査會ハ内務大臣ノ命シタル府縣高等官三人及府縣名譽職參事會員ニ於テ互選シタル者三人ヲ以テ其ノ會員トシ府縣知事ヲ以テ會長トス知事故障アルトキハ其ノ代理者會長ノ職務ヲ行フ

府縣名譽職參事會員ノ互選スヘキ會員ノ選擧補闕及任期竝懲戒審査會ノ招集及會議ニ付テハ府縣制中名譽職參事會員及府縣參事會ニ關スル規定ヲ準用ス但シ補充員ハ之ヲ設クルノ限ニ在ラス

解職ノ處分ヲ受ケタル者其ノ處分ニ不服アルトキハ内務大臣ニ訴願スルコトヲ得但シ市長ニ付テハ此ノ限ニ在ラス

府縣知事ハ市長、市參與、助役、收入役、副收入役及第六條又ハ第八十二條第三項ノ市ノ區長ノ解職ヲ行ハムトスル前其ノ停職ヲ命スルコトヲ得此ノ場合ニ於テハ其ノ停職期間報酬又ハ給料ヲ支給スルコトヲ得ス

懲戒ニ依リ解職セラレタル者ハ二年間市町村ノ公職ニ選擧セラレ又ハ任命セラルルコトヲ得ス

第百七十一條　市吏員ノ服務紀律、賠償責任、身元保證及事務引繼ニ關スル規定ハ命令ヲ以テ之ヲ定ム

前項ノ命令ニハ事務引繼ヲ拒ミタル者ニ對シ二十五圓以下ノ過料ヲ科スル規定ヲ設クルコトヲ得

第十章　雜則

第百七十二條　府縣知事又ハ府縣參事會ノ職權ニ屬スル事件ニシテ數府縣ニ涉ルモノアルトキハ内務大臣ハ關係府縣知事ノ具狀ニ依リ其ノ事件ヲ管理スヘキ府縣知事又ハ府縣參事會ヲ指定スヘシ

第百七十三條　本法ニ規定スルモノノ外第六條ノ市ノ有給吏員ノ組織任用分限及其ノ區ニ關シ必要ナル事項ハ勅令ヲ以テ之ヲ定ム

第百七十四條　第十三條ノ人口ハ内務大臣ノ定ムル所ニ依ル

第百七十五條　本法ニ於ケル直接税及間接税ノ種類ハ内務大臣及大藏大臣之ヲ定ム

第百七十六條　市又ハ市町村組合ノ廢置分合又ハ境界變更アリタル場合ニ於テ市ノ事務ニ付必要ナル事項ハ本法ニ規定スルモノノ外勅令ヲ以テ之ヲ定ム

第百七十七條　本法ハ町村制第百五十七條ノ地域ニ之ヲ施行セス

附　則

本法中公民權及ヒ選擧ニ關スル規定ハ次ノ總選擧ヨリ之ヲ施行ス。其他ノ規定ノ施行ノ期日ハ勅令ヲ以テ之ヲ定ム。沖繩縣ノ區ヲ廢シテ市ヲ置カントスル時ハ第三條ノ例ニ依ル　（終）

町村制目次

町村制目次終

町村制（明治四十四年四月六日法律第六十九號）（大正十年四月改正）

朕帝國議會ノ協賛ヲ經タル町村制改正法律ヲ裁可シ茲ニ之ヲ公布セシム

町村制

第一章　總則

第一款　町村及其ノ區域

第一條　町村ハ從來ノ區域ニ依ル

第二條　町村ハ法人トス官ノ監督ヲ承ケ法令ノ範圍内ニ於テ其ノ公共事務並從來法令又ハ慣例ニ依リ及將來法律勅令ニ依リ町村ニ屬スル事務ヲ處理ス

第三條　町村ノ廢置分合又ハ境界變更ヲ爲サムトスルトキハ府縣知事ハ關係アル市町村會ノ意見ヲ徴シ府縣參事會ノ議決ヲ經内務大臣ノ許可ヲ得テ之ヲ定ム所屬未定地ヲ町村ノ區域ニ編入セムトスルトキ亦同シ

前項ノ場合ニ於テ財産アルトキハ其ノ處分ニ關シテハ前項ノ例ニ依ル

第一項ノ場合ニ於テ市ノ廢置分合ヲ伴フトキハ市制第三條ノ規定ニ依ル

第四條　町村ノ境界ニ關スル爭論ハ府縣參事會之ヲ裁定ス其ノ裁定ニ不服アル町村ハ行政裁判所ニ出訴スルコトヲ得

町村ノ境界判明ナラサル場合ニ於テ前項ノ爭論ナキトキハ府縣知事ハ府縣參事會ノ決定ニ付スヘシ其ノ決定ニ不服アル町村ハ行政裁判所ニ出訴スルコトヲ得

第一項ノ裁定及前項ノ決定ハ文書ヲ以テ之ヲ爲シ其ノ理由ヲ附シ之ヲ關係町村ニ交付スヘシ
第一項ノ裁定及第二項ノ決定ニ付テハ府縣知事ヨリモ訴訟ヲ提起スルコトヲ得

第五條　町村ノ名稱ヲ變更シ又ハ村ヲ町ト爲シ若ハ町ヲ村ト爲サムトスルトキハ町村ハ内務大臣ノ許可ヲ受クヘシ
町村役場ノ位置ヲ定メ又ハ之ヲ變更セムトスルトキハ町村ハ府縣知事ノ許可ヲ受クヘシ

第二款　町村住民及其權利義務

第六條　町村内ニ住所ヲ有スル者ハ其ノ町村住民トス
町村住民ハ本法ニ從ヒ町村ノ財産及營造物ヲ共用スル權利ヲ有シ町村ノ負擔ヲ分任スル義務ヲ負フ

第七條　町村住民ニシテ左ノ要件ヲ具備スル者ハ町村公民トス但シ貧困ノ爲公費ノ救助ヲ受ケタル後二年ヲ經サル者、禁治産者、準禁治産者及六年ノ懲役又ハ禁錮以上ノ刑ニ處セラレタル者ハ此ノ限リニアラス

一、帝國臣民タル男子ニシテ年齡二十五年以上ノ者
二、獨立ノ生計ヲ營ム者
三、二年以來其ノ町村住民タル者
四、二年以來其町村ノ直接町村税ヲ納ムル者

町村ハ前項二年ノ制限特免スルコトヲ得

家督相續ニ依リ財産ヲ取得シタル者ニ付テハ其ノ財産ニ付被相續人ノ爲シタル納稅ヲ以テ其ノ者ノ納稅シタルモノト看做ス

町村公民ノ要件中其ノ年限ニ關スルモノハ市町村ノ配置分合又ハ境界變更ノ爲中斷セラルヽコトナシ

直接町村稅ヲ賦課セサル町村ニ於テハ町村公民ノ要件中納稅ニ關スル規定ヲ適用セス

第八條　町村公民ハ町村ノ選擧ニ參與シ町村ノ名譽職ニ選擧セラルヽ權利ヲ有シ町村ノ名譽職ヲ擔任スル義務ヲ負フ

左ノ各號ノ一ニ該當セサル者ニシテ名譽職ノ當選ヲ辭シ又ハ其ノ職ヲ辭シ若ハ其ノ職務ヲ實際ニ執行セサルトキハ町村ハ一年以上四年以下其ノ町村公民權ヲ停止シ場合ニ依リ其ノ停止期間以內其ノ者ノ負擔スヘキ町村稅ノ十分ノ一以上四分ノ一以下ヲ増課スルコトヲ得

一　疾病ニ罹リ公務ニ堪ヘサル者

二　業務ノ爲常ニ町村內ニ居ルコトヲ得サル者

三　年齡六十年以上ノ者

四　官公職ノ爲町村ノ公務ヲ執ルコトヲ得サル者

五　四年以上名譽職町村吏員、町村會議員又ハ區會議員ノ職ニ任シ爾後同一ノ

期間ヲ經過セサル者

六　其ノ他町村會ノ議決ニ依リ正當ノ理由アリト認ムル者

前項ノ處分ヲ受ケタル者其ノ處分ニ不服アルトキハ府縣參事會ニ訴願シ其ノ裁決ニ不服アルトキハ行政裁判所ニ出訴スルコトヲ得

第二項ノ處分ハ其ノ確定ニ至ル迄執行ヲ停止ス

第三項ノ裁決ニ付テハ府縣知事又ハ町村長ヨリモ訴訟ヲ提起スルコトヲ得

第九條　町村公民第七條第一項ニ掲ケタル要件ノ一ヲ闕キ又ハ同項但書ニ當ルニ至リタルトキハ其ノ公民權ヲ失フ

町村公民租稅滯納處分中ハ其ノ公民權ヲ停止ス家資分散若ハ破產ノ宣告ヲ受ケ其ノ確定シタルトキヨリ復權ノ決定確定スルニ至ル迄又ハ六年未滿ノ懲役又ハ禁錮ノ刑ニ處セラレタルトキヨリ其ノ執行ヲ終リ若ハ其ノ執行ヲ受クルコトナキニ迄亦同シ

陸海軍ノ現役ニ服スル者ハ町村ノ公務ニ參與スルコトヲ得ス其ノ他ノ兵役ニ在ル者ニシテ戰時又ハ事變ニ際シ召集セラレタルトキ亦同シ

第三款　町村條例及町村規則

第十條　町村ハ町村住民ノ權利義務又ハ町村ノ事務ニ關シ町村條例ヲ設クルコトヲ得

町村ハ町村ノ營造物ニ關シ町村條例ヲ以テ規定スルモノノ外町村規則ヲ設クルコトヲ得

町村條例及町村規則ハ一定ノ公告式ニ依リ之ヲ告示スヘシ

第二章　町村會

第一款　組織及選擧

第十一條　町村會議員ハ其ノ被選擧權アル者ニ就キ選擧人之ヲ選擧ス

議員ノ定數左ノ如シ

一	人口千五百未滿ノ町村	八人
二	人口千五百以上五千未滿ノ町村	十二人
三	人口五千以上一萬未滿ノ町村	十八人
四	人口一萬以上二萬未滿ノ町村	二十四人
五	人口二萬以上ノ町村	三十人

議員ノ定數ハ町村條例ヲ以テ之ヲ增減スルコトヲ得
議員ノ定數ハ總選擧ヲ行フ場合ニ非サレハ之ヲ增減セス但シ著シク人口ノ增減アリタル場合ニ於テ內務大臣ノ許可ヲ得タルトキハ此ノ限ニ在ラス
第十二條　町村公民ハ總テ選擧權ヲ有ス但シ公民權停止中ノ者又ハ第九條第三項ノ場合ニ當ル者ハ此ノ限ニ在ラス
第十三　町村ハ町村條例ヲ以ツテ選擧人ヲ別チテ二級ト爲スコトヲ得此ノ場合ニ於テハ市制ノ例ニ依ル
第十四條　特別ノ事情アルトキハ町村ハ郡長ノ許可ヲ得區劃ヲ定メテ選擧分會ヲ設クルコトヲ得
第十五條　選擧權ヲ有スル町村公民ハ被選擧權ヲ有ス
左ニ揭クル者ハ被選擧權ヲ有セス其ノ之ヲ罷メタル後一月ヲ經過セサル者亦同シ
一　所屬府縣郡ノ官吏及有給吏員
二　其ノ町村ノ有給吏員
三　檢事警察官及收稅官吏

四　神官神職僧侶其ノ他諸宗教師
五　小學校教員
町村ニ對シ請負ヲ爲ス者及其ノ支配人又ハ主トシテ同一ノ行爲ヲ爲ス法人ノ無限責任社員、役員及支配人ハ被選擧權ヲ有セス
前項ノ役員トハ取締役、監査役及之ニ準スヘキ者竝淸算人ヲ謂フ
父子兄弟タル緣故アル者ハ同時ニ町村會議員ノ職ニ在ルコトヲ得ス其ノ同時ニ選擧セラレタルトキハ得票ノ數ニ依リ其ノ多キ者一人ヲ當選者トシ同數ナルトキハ年長者ヲ當選者トシ年齡同年ノトキハ町村長抽籤シテ當選者ヲ定ム其時ヲ異ニシテ選擧セラレタルトキハ後ニ選擧セラレタル者議員タルコトヲ得ス
議員ト爲リタル後前項ノ緣故ヲ生シタル場合ニ於テハ年少者其ノ職ヲ失フ年齡同シキトキハ町村長抽籤シテ失職者ヲ定ム
第十六條　町村會議員ハ名譽職トス
議員ノ任期ハ四年トシ總選擧ノ日ヨリ之ヲ起算ス
議員ノ定數ニ異動ヲ生シタル爲解任ヲ要スル者アルトキハ町村長抽籤シテ之ヲ定

ム但シ闕員アリタルトキハ其ノ闕員ヲ以テ之ニ充ツヘシ
議員ノ定數ニ異動ヲ生シタル爲新ニ選擧セラレタル議員ハ總選擧ニ依リ選擧セラレタル議員ノ任期滿了ノ日迄在任ス

第十七條　町村會議員中闕員ヲ生シ其闕員議員定數ノ三分ノ一以上ニ至リタルトキ又ハ郡長町村長若ハ町村會ニ於テ必要ト認ムルトキハ補闕選擧ヲ行フヘシ
議員缺員ト爲リタルトキ其ノ議員カ第二十七條第二項ノ規定ノ適用ニ依リ當選者ト爲リタル者ナル場合又ハ本條本項若ハ第三十條ノ規定ニ依ル第二十七條第二項ノ規定ノ準用ニ依リ當選者ト爲リタル者ナル場合ニ於テハ町村長ハ直ニ第二十七條第二項ノ規定ノ適用又ハ準用ヲ受ケタル他ノ得票者ニ就キ當選者ヲ定ムヘシ此場合ニ於テハ第二十七條第二項ノ規定ヲ準用ス
補闕議員ハ其ノ前任者ノ殘任期間在任ス

第十八條　町村長ハ選擧期日前六十日ヲ期トシ其ノ日ノ現在ニ依リ選擧人ノ資格ヲ記載セル選擧人名簿ヲ調製スヘシ
町村長ハ選擧期日前四十日ヲ期トシ其ノ日ヨリ七日間毎日午前八時ヨリ午後四時迄町村役場又ハ告示シタル場所ニ於テ選擧人名簿ヲ關係者ノ縱覽ニ供スヘシ關係

者ニ於テ異議アルトキハ縱覽期間内ニ之ヲ町村長ニ申立ツルコトヲ得此ノ場合ニ於テハ町村長ハ縱覽期間滿了後三日以内ニ町村會ノ決定ニ付スヘシ町村會ハ其ノ送付ヲ受ケタル日ヨリ七日以内ニ之ヲ決定スヘシ

前項ノ決定ニ不服アル者ハ府縣參事會ニ訴願シ其ノ裁決又ハ第四項ノ裁決ニ不服アル者ハ行政裁判所ニ出訴スルコトヲ得

第二項ノ決定及ヒ前項ノ裁決ニ付テハ町村長ヨリモ訴願又ハ訴訟ヲ提起スルコトヲ得

前二項ノ裁決ニ付テハ府縣知事ヨリモ訴訟ヲ提起スルコトヲ得

前四項ノ場合ニ於テ決定若ハ裁決確定シ又ハ判決アリタルニ依リ名簿ノ修正ヲ要スルトキハ町村長ハ其ノ確定期日前ニ修正ヲ加フヘシ

選擧人名簿ハ選擧期日前三日ヲ以テ確定ス

確定名簿ハ第三條ノ處分アリタル場合ニ於テ府縣知事ノ指定スルモノヲ除クノ外其ノ確定シタル日ヨリ一年以内ニ於テ行フ選擧ニ之ヲ用ウ但シ名簿確定後裁決確定シ又ハ判決アリタルニ依リ名簿ノ修正ヲ要スルトキハ選擧ヲ終リタル後ニ於テ次ノ選擧期日前四日迄ニ之ヲ修正スヘシ

選擧人名簿ヲ修正シタルトキハ町村長ハ直ニ其ノ要領ヲ告示スヘシ

選擧分會ヲ設クルトキハ町村長ハ確定名簿ニ依リ分會ノ區劃毎ニ名簿ノ抄本ヲ調製スヘシ

確定名簿ニ登錄セラレサル者ハ選擧ニ參與スルコトヲ得ス但シ選擧人名簿ニ登錄セラルヘキ確定裁決書又ハ判決書ヲ所持シ選擧ノ當日選擧會場ニ到ル者ハ此ノ限ニ在ラス

確定名簿ニ登錄セラレタル者選擧權ヲ有セサルトキハ選擧ニ參與スルコトヲ得ス但シ名簿ハ之ヲ修正スル限ニ在ラス

第二項乃至第五項ノ場合ニ於テ決定若ハ裁決確定シ又ハ判決アリタルニ依リ名簿無效トナリタルトキハ更ニ名簿ヲ調製スヘシ其ノ名簿ノ調製、縱覽、修正、確定及異議ノ決定ニ關スル期日、期限及期間ハ郡長ノ定ムル所ニ依ル名簿ノ喪失シタルトキ亦同シ

選擧人名簿調製後ニ於テ選擧期日ヲ變更スルコトアルモ其ノ名簿ヲ用井縱覽、修正、確定及異議ノ決定ニ關スル期日期限及期間ハ前選擧期日ニ依リ之ヲ算定ス

第十九條　町村長ハ選擧期日前少クトモ七日間選擧會場、投票ノ日時及區劃ヲ告示スヘシ

選擧分會ノ選擧ハ本會ト同日時ニ之ヲ行フヘシ天災事變等ニ依リ選擧ヲ行フコト

能ハサルニ至リタルトキハ町村長ハ其ノ選擧ヲ終ラサル選擧會又ハ選擧分會ノミニ關シ更ニ選擧會場及投票ノ日時ヲ告示シ選擧ヲ行フヘシ

第二十條　町村長ハ選擧長ト爲リ選擧會ヲ開閉シ其ノ取締ニ任ス

選擧分會ハ町村長ノ指名シタル吏員選擧分會長ト爲リ之ヲ開閉シ其ノ取締ニ任ス

町村長ハ選擧人中ヨリ二人乃至四人ノ選擧立會人ヲ選任スヘシ但シ選擧分會ヲ設ケタルトキハ各別ニ選擧立會人ヲ設クヘシ

選擧立會人ハ名譽職トス

第二十一條　選擧人ニ非サル者ハ選擧會場ニ入ルコトヲ得ス但シ選擧會場ノ事務ニ從事スル者、選擧會場ヲ監視スル職權ヲ有スル者又ハ警察官吏ハ此ノ限ニ在ラス

選擧會場ニ於テ演說討論ヲ爲シ若ハ喧擾ニ渉リ又ハ投票ニ關シ協議若ハ勸誘ヲ爲シ其ノ他選擧會場ノ秩序ヲ紊ス者アルトキハ選擧長又ハ分會長ハ之ヲ制止シ命ニ從ハサルトキハ之ヲ選擧會場外ニ退出セシムヘシ

前項ノ規定ニ依リ退出セシメラレタル者ハ最後ニ至リ投票ヲ爲スコトヲ得但シ選擧長又ハ分會長會場ノ秩序ヲ紊スノ虞ナシト認ムル場合ニ於テ投票ヲ爲サシムル

ヲ妨ケス

第二十二條　選擧ハ無記名投票ヲ以テ之ヲ行フ

投票ハ一人一票ニ限ル

選擧人ハ選擧ノ當日投票時間内ニ自ラ選擧會場ニ到リ選擧人名簿又ハ其ノ抄本ノ對照ヲ經テ投票ヲ爲スヘシ

投票時間内ニ選擧會場ニ入リタル選擧人ハ其ノ時間ヲ過クルモ投票ヲ爲スコトヲ得

選擧人ハ選擧會場ニ於テ投票用紙ニ自ラ被選擧人一人ノ氏名ヲ記載シテ投函スヘシ

自ラ被選擧人ノ氏名ヲ書スルコト能ハサル者ハ投票ヲ爲スコトヲ得ス

投票用紙ハ町村長ノ定ムル所ニ依リ一定ノ式ヲ用フヘシ

選擧分會ニ於テ爲シタル投票ハ分會長少クトモ一人ノ選擧立會人ト共ニ投票函ノ儘之ヲ本會ニ送致スヘシ

第二十三條　第三十條若ハ第三十四條ノ選擧增員選擧又ハ補缺選擧ヲ同時ニ行フ場合ニ於テハ一ノ選擧ヲ以テ合併ニテ之ヲ行フ

第二十四條　（削除）

第二十五條　左ノ投票ハ之ヲ無效トス

一　成規ノ用紙ヲ用井サルモノ

二　現ニ町村會議員職ニ在ル者ノ氏名ヲ記載シタルモノ

三　一投票中二人以上ノ被選擧人ノ氏名ヲ記載シタルモノ

四　被選擧人ノ何人タルカヲ確認シ難キモノ

五　被選擧權ナキ者ノ氏名ヲ記載シタルモノ

六　被選擧人ノ氏名ノ外他事ヲ記入シタルモノ但シ爵位職業身分住所又ハ敬稱ノ類ヲ記入シタルモノヘハ此ノ限ニ在ラス

七　被選擧人ノ氏名ヲ自書セサルモノ

第二十六條　投票ノ拒否及効力ハ選擧立會人之ヲ決定ス可否同數ナルトキハ選擧長之ヲ決スヘシ

選擧分會ニ於ケル投票ノ拒否ハ其ノ選擧立會人之ヲ決定ス可否同數ナルトキハ分

會長之ヲ決スヘシ

第二十七條　町村會議員ノ選擧ハ有効投票ノ最多數ヲ得タル者ヲ以テ當選者トス但シ選擧スヘキ議員數ヲ以テ選擧人名簿ニ登錄セラレタル人員數ヲ除シテ得タル數ノ七分ノ一以上ノ得票アルコトヲ要ス

前項ノ規定ニ依リ當選者ヲ定ムルニ當リ得票ノ數同シキトキハ年長者ヲ取リ年齡同シトキハ選擧人抽籤シテ之ヲ定ムヘシ

第二十八條　選擧長又ハ分會長ハ選擧錄ヲ調製シテ選擧又ハ投票ノ顚末ヲ記載シ選擧又ハ投票ヲ終リタル後之ヲ朗讀シ選擧立會人二人以上ト共ニ之ニ署名スヘシ

選擧分會長ハ投票函ト同時ニ選擧錄ヲ本會ニ送致スヘシ

選擧錄ハ投票、選擧人名簿其ノ他ノ關係者書類ト共ニ選擧及當選ノ効力確定スルニ至ル迄之ヲ保存スヘシ

第二十九條　當選者定マリタルトキハ町村長ハ直ニ當選者ニ當選ノ旨ヲ告知スヘシ

當選者當選ヲ辭セムトスルトキハ當選ノ告知ヲ受ケタル日ヨリ五日以內ニ之ヲ町村會ニ申立ツヘシ

第十五條第二項ニ掲ケサル官吏ニシテ當選シタル者ハ所屬長官ノ許可ヲ受クルニ非サレハ之ニ應スルコトヲ得ス

前項ノ官吏ハ當選ノ告知ヲ受ケタル日ヨリ二十日以內ニ之ニ應スヘキ旨ヲ町村長

ニ申立テサルトキハ其ノ當選ヲ辭シタルモノト看做ス

第三十條 當選者當選ヲ辭シタルトキ死亡者ナルトキ又ハ選擧ニ關スル犯罪ニ依リ刑ニ處セラレ其ノ當選無効ト爲リタルトキハ更ニ選擧ヲ行フヘシ但シ其ノ當選者第二十七條第二項ノ規定ノ適用又ハ準用ニ依リ當選者ト爲リタル者ナル場合ニ於テハ第十七條第十二項ノ例ニ依ル

當選者選擧ニ關スル犯罪ニ依リ刑ニ處セラレ其ノ當選無効ト爲リタルトキ其ノ前ニ其ノ者ニ關スル補闕選擧若ハ前項ノ選擧ノ告示ヲ爲シタル場合又ハ更ニ選擧ヲ行フコトナクシテ當選者ヲ定メタル場合ニ於テハ前項ノ規定ヲ適用セス

第三十一條 選擧ヲ終リタルトキハ町村長ハ直ニ選擧錄ノ謄本ヲ添ヘ之ヲ郡長ニ報告スヘシ

第二十九條第二項ノ期間ヲ過經シタルトキ又ハ同條第四項ノ申立アリタルトキハ町村長ハ直ニ當選者ノ住所氏名ヲ告示シ併セテ之ヲ郡長ニ報告スヘシ

第三十二條 選擧ノ規定ニ違反スルコトアルトキハ選擧ノ結果ニ異動ヲ生スル虞アル場合ニ限リ其ノ選擧ノ全部又ハ一部ヲ無効トス

第三十三條 選擧人選擧又ハ當選ノ無効ニ關シ異議アルトキハ選擧ニ關シテハ選擧ノ日ヨリ當選ニ關シテハ第三十一條第二項ノ告示ノ日ヨリ七日以內ニ之ヲ町村長ニ申立ツルコトヲ得此ノ場合ニ於テハ町村長ハ七日以內ニ町村會ノ決定ニ付スヘ

シ町村會ハ其ノ送付ヲ受ケタル日ヨリ十四日以内ニ之ヲ決定スヘシ
前項ノ決定ニ不服アル者ハ府縣參事會ニ訴願スルコトヲ得
郡長ハ選擧又ハ當選ノ效力ニ關シ異議アルトキハ府縣知事ノ指揮ヲ受ケ選擧ニ關シテハ第三十一條第一項ノ報告　受ケタル日ヨリ當選ニ關シテハ同條第二項ノ報告ヲ受ケタル日ヨリ二十日以内ニ之ヲ處分スルコトヲ得
前項ノ處分アリタルトキハ同一事件ニ付爲シタル異議ノ申立及町村會ノ決定ハ無效トス
第三項ノ處分ニ不服アル者ハ府縣參事會ニ訴願シ其ノ裁決又ハ第二項若ハ第六項ノ裁決ニ不服アル者ハ行政裁判所ニ出訴スルコトヲ得
第一項ノ決定及第二項又ハ前項ノ裁決ニ付テハ町村長ヨリモ訴願又ハ訴訟ヲ提起スルコトヲ得
第二項第五項又ハ前項ノ裁決ニ付テハ府縣知事ヨリモ訴訟ヲ提起スルコトヲ得
町村會議員ハ選擧又ハ當選ニ關スル處分、決定若ハ裁決確定シ又ハ判決アル迄ハ會議ニ列席シ議事ニ參與スルノ權ヲ失ハス
第十七條第三十條又ハ第三十四條第三項ノ選擧ハ之ニ關係アル選擧又ハ當選ニ關スル異議申立期間、異議ノ決定若ハ訴願ノ裁決確定セサル間又ハ訴訟ノ繫屬スル間之ヲ行フコトヲ得ス

第三十四條　當選無效ト確定シタルトキハ町村長ハ直ニ第二十七條ノ例ニ依リ更ニ

當選者ヲ定ムヘシ
當選無效ト確定シタルトキハ更ニ選擧ヲ行フヘシ
議員ノ定數ニ足ル當選者ヲ得ルコト能ハサルトキハ其ノ不足ノ員數ニ付更ニ選擧ヲ行フヘシ此ノ場合ニ於テハ第二十七條第一項但書ノ規定ヲ適用セス
第三十五條 町村會議員ニシテ被選擧權ヲ有セサル者ハ其ノ職ヲ失フ其被選擧權ノ有無ハ町村會議員カ左ノ各號ノ一ニ該當スルニ因リ被選擧權ヲ有セサル場合ヲ除クノ外町村會之ヲ決定ス
一 禁治産者又ハ準禁治産者ト爲リタルトキ
二 家資分散又ハ破産ノ宣告ヲ受ケ其ノ宣告確定シタルトキ
三 禁錮以上ノ刑ノ宣告ヲ受ケタルトキ
四 選擧ニ關スル犯罪ニ依リ罰金ノ刑ニ處セラレタルトキ
町村長ハ町村會議員被選擧權ヲ有セサル者アリト認ムルトキハ之ヲ町村會ノ決定ニ付スヘシ町村會ハ其ノ送付ヲ受ケタル日ヨリ十四日以内ニ之ヲ決定スヘシ
第一項ノ決定及前項ノ裁決ニ付テハ町村長ヨリモ訴願又ハ訴訟ヲ提起スルコトヲ得
前二項ノ裁決ニ付テハ府縣知事ヨリモ訴訟ヲ提起スルコトヲ得
第三十三條第九項ノ規定ハ第一項及前三項ノ場合ニ之ヲ準用ス
第一項ノ決定ハ文書ヲ以テ之ヲ爲シ其ノ理由ヲ附シ之ヲ本人ニ交付スヘシ
第三十六條 第十八條及第三十三條ノ場合ニ於テ府縣參事會ノ決定及裁決ハ府縣知事郡長ノ處分ハ郡長町村會ノ決定ハ町村長直ニ之ヲ告示スヘシ

第三十七條　本法又ハ本法ニ基キテ發スル勅令ニ依リ設置スル議會ノ議員ノ選擧ニ付テハ衆議院議員選擧ニ關スル罰則ヲ準用ス

第三十八條　特別ノ事情アル町村ニ於テハ郡長ハ府縣知事ノ許可ヲ得テ其ノ町村ヲシテ町村會ヲ設ケス選擧權ヲ有スル町村公民ノ總會ヲ以テ之ニ充テシムルコトヲ得

町村總會ニ關シテハ町村會ニ關スル規定ヲ準用ス

第二〇　職務權限

第三十九條　町村會ハ町村ニ關スル事件及法律勅令ニ依リ其ノ權限ニ屬スル事件ヲ議決ス

第四十條　町村會ノ議決スヘキ事件ノ概目左ノ如シ

一　町村條例及町村規則ヲ設ケ又ハ改廢スル事

二　町村費ヲ以テ支辨スヘキ事業ニ關スル事但シ第七十七條ノ事務及法律勅令ニ規定アルモノハ此ノ限ニ在ラス

三　歳入出豫算ヲ定ムル事

四　決算報告ヲ認定スル事

五　法令ニ定ムルモノヲ除クノ外使用料、手數料、加入金、町村稅又ハ夫役現品ノ賦課徵收ニ關スル事

六　不動產ノ管理處分及取得ニ關スル事

七　基本財産及積立金穀等ノ設置管理及處分ニ關スル事
八　歳入出豫算ヲ以テ定ムルモノヲ除クノ外新ニ義務ノ負擔ヲ爲シ及權利ノ拋棄ヲ爲ス事
九　財産及營造物ノ管理方法ヲ定ムル事但シ法律勅令ニ規定アルモノハ此ノ限ニ在ラス
十　町村吏員ノ身元保證ニ關スル事
十一　町村ニ係ル訴願訴訟及和解ニ關スル事
第四十一條　町村會ハ法律勅令ニ依リ其ノ權限ニ屬スル選擧ヲ行フヘシ
第四十二條　町村會ハ町村ノ事務ニ關スル書類及計算書ヲ檢閲シ町村長ノ報告ヲ請求シテ事務ノ管理議決ノ執行及出納ヲ檢査スルコトヲ得
町村會ハ議員中ヨリ委員ヲ選擧シ町村長又ハ其ノ指名シタル吏員立會ノ上實地ニ就キ前項町村會ノ權限ニ屬スル事件ヲ行ハシムルコトヲ得
第四十三條　町村會ハ町村ノ公益ニ關スル事件ニ付意見書ヲ町村長又ハ監督官廳ニ提出スルコトヲ得
第四十四條　町村會ハ行政廳ノ諮問アルトキハ意見ヲ答申スヘシ
町村會ノ意見ヲ徴シテ處分ヲ爲スヘキ場合ニ於テ町村會成立セス、招集ニ應セス若ハ意見ヲ提出セス又ハ町村會ヲ招集スルコト能ハサルトキハ當該行政廳ハ其ノ意見ヲ俟タスシテ直ニ處分ヲ爲スコトヲ得

第四十五條　町村會ハ町村長ヲ以テ議長トス町村長故障アルトキハ其ノ代理者議長ノ職務ヲ代理ス町村長及其ノ代理者共ニ故障アルトキハ年長ノ議員議長ノ職務ヲ代理ス年齢同シキトキハ抽籤ヲ以テ之ヲ定ム

第四十六條　町村長及其ノ委任又ハ囑託ヲ受ケタル者ハ會議ニ列席シテ議事ニ參與スルコトヲ得但シ議決ニ加ハルコトヲ得ス

前項ノ列席者發言ヲ求ムルトキハ議長ハ直ニ之ヲ許スヘシ但シ之カ爲議員ノ演説ヲ中止セシムルコトヲ得ス

第四十七條　町村會ハ町村長之ヲ招集ス議員定數三分ノ一以上ノ請求アルトキハ町村長ハ之ヲ招集スヘシ

町村長ハ必要アル場合ニ於テハ會期ヲ定メテ町村會ヲ招集スルコトヲ得

招集及會議ノ事件ハ開會ノ日ヨリ少クトモ三日前ニ之ヲ告知スヘシ但シ急施ヲ要スル場合ハ此ノ限ニ在ラス

町村會開會中急施ヲ要スル事件アルトキハ町村長ハ直ニ之ヲ其ノ會議ニ付スルコトヲ得三日前迄ニ告知ヲ爲シタル事件ニ付亦同シ

町村會ハ町村長之ヲ開閉ス

第四十八條　町村會ハ議員定數ノ半數以上出席スルニ非サレハ會議ヲ開クコトヲ得ス但シ第五十條ノ除斥ノ爲半數ニ滿タサルトキ、同一ノ事件ニ付招集再回ニ至ルモ仍半數ニ滿タサルトキ又ハ招集ニ應スルモ出席議員定數ヲ闕キ議長ニ於テ出席

ヲ催告シ仍半數ニ滿タサルトキハ此ノ限ニ在ラス

第四十九條　町村會ノ議事ハ過半數ヲ以テ決ス可否同數ナルトキハ議長ノ決スル所ニ依ル

第五十條　議長及議員ハ自己又ハ父母、祖父母、妻、子孫、兄弟姉妹ノ一身上ニ關スル事件ニ付テハ其ノ議事ニ參與スルコトヲ得ス但シ町村會ノ同意ヲ得タルトキハ會議ニ出席シ發言スルコトヲ得

第五十一條　法律勅令ニ依リ町村會ニ於テ選擧ヲ行フトキハ一人毎ニ無記名投票ヲ爲シ有效投票ノ過半數ヲ得タル者ヲ以テ當選者トス過半數ヲ得タル者ナキトキハ最多數ヲ得タル者二人ヲ取リ之ニ就キ決選投票ヲ爲サシム其ノ二人ヲ取ルニ當リ同數者アルトキハ年長者ヲ取リ年齡同シキトキハ議長抽籤シテ之ヲ定ム此ノ決選投票ニ於テハ多數ヲ得タル者ヲ以テ當選者トス同數ナルトキハ年長者ヲ取リ年齡同シキトキハ議長抽籤シテ之ヲ定ム

前項ノ場合ニ於テハ第二十二條及第二十五條ノ規定ヲ準用シ投票ノ效力ニ關シ異議アルトキハ町村會之ヲ決定ス

第一項ノ選擧ニ付テハ町村會ハ其ノ議決ヲ以テ指名推選又ハ連名投票ノ法ヲ用ウルコトヲ得其ノ連名投票ノ法ヲ用ヰル場合ニ於テハ前二項ノ例ニ依ル

連名投票ニシテ第二十五條第一號、第六號及第七號ニ該當スルモノ竝ニ其記載ノ人員選擧スヘキ定數ニ過キサルモノハ之ヲ無效トシ同條第二號、第四號及第五號ニ該當スルモノハ其ノ部分ノミヲ無效トス

第五十二條　町村會ノ會議ハ公開ス但シ左ノ場合ハ此ノ限ニ在ラス

一　議長ノ意見ヲ以テ傍聽ヲ禁止シタルトキ

二　議員二人以上ノ發議ニ依リ傍聽禁止ヲ可決シタルトキ

前項議員ノ發議ハ討論ヲ須ヰス其ノ可否ヲ決スヘシ

第五十三條　議長ハ會議ヲ總理シ會議ノ順序ヲ定メ其ノ日ノ會議ヲ開閉シ議場ノ秩序ヲ保持ス

議員定數ノ半數以上ヨリ請求アルトキハ議長ハ其ノ日ノ會議ヲ開クコトヲ要ス此ノ場合ニ於テ議長仍會議ヲ開カサルトキハ第四十五條ノ例ニ依ル

前項議員ノ請求ニ依リ會議ヲ開キタルトキ又ハ議員中異議アルトキハ議長ハ會議ノ議決ニ依ルニ非サレハ其ノ日ノ會議ヲ閉チ又ハ中止スルコトヲ得ス

第五十四條　議員ハ選擧人ノ指示又ハ委囑ヲ受クヘカラス

議員ハ會議中無禮ノ語ヲ用ヰ又ハ他人ノ身上ニ渉リ言論スルコトヲ得ス

第五十五條　會議中本法又ハ會議規則ニ違ヒ其ノ他議場ノ秩序ヲ亂ス議員アルトキハ議長ハ之ヲ制止シ又ハ發言ヲ取消サシメ命ニ從ハサルトキハ當日ノ會議ヲ終ル迄發言ヲ禁止シ又ハ議場外ニ退去セシメ必要アル場合ニ於テハ警察官吏ノ處分ヲ求ムルコトヲ得

議場騷擾ニシテ整理シ難キトキハ議長ハ當日ノ會議ヲ中止シ又ハ之ヲ閉ツルコトヲ得

第五十六條　傍聽人公然可否ヲ表シ又ハ喧騷ニ渉リ其ノ他會議ノ妨害ヲ爲ストキハ議長ハ之ヲ制止シ命ニ從ハサルトキハ之ヲ退場セシメ必要アル場合ニ於テハ警察官吏ノ處分ヲ求ムルコトヲ得

傍聽席騷擾ナルトキハ議長ハ總テノ傍聽人ヲ退場セシメ必要アル場合ニ於テハ警察官吏ノ處分ヲ求ムルコトヲ得

第五十七條　町村會ニ書記ヲ置キ議長ニ隷屬シテ庶務ヲ處理セシム

書記ハ議長之ヲ任免ス

第五十八條　議長ハ書記ヲシテ會議録ヲ調製シ會議ノ顛末及出席議員ノ氏名ヲ記載セシムヘシ

會議録ハ議長及議員二人以上之ニ署名スルコトヲ要ス其ノ議員ハ町村會ニ於テ之ヲ定ムヘシ

第五十九條　町村會ハ會議規則及傍聽人取締規則ヲ設クヘシ

會議規則ニハ本法及會議規則ニ違反シタル議員ニ對シ町村會ノ議決ニ依リ三日以内出席ヲ停止シ又ハ二圓以下ノ過怠金ヲ科スル規定ヲ設クルコトヲ得

第三章　町村吏員

第一款　組織選擧及任免

第六十條　町村ニ町村長及助役一人ヲ置ク但シ町村條例ヲ以テ助役ノ定數ヲ増加スルコトヲ得

第六十一條　町村長及助役ハ名譽職トス

町村ハ町村條例ヲ以テ町村長又ハ助役ヲ有給ト爲スコトヲ得

第六十二條　町村長及助役ノ任期ハ四年トス

第六十三條　町村長ハ町村會ニ於テ之ヲ選擧ス

助役ハ町村長ノ推薦ニ依リ町村會之ヲ定ム町村長職ニ在ラサルトキハ前項ノ例ニ依ル

名譽職町村長及名譽職助役ハ其ノ町村公民中選擧權ヲ有スル者ニ限ル
有給町村長及有給助役ハ第七條第一項ノ規定ニ拘ラス在職ノ間其ノ町村ノ公民トス

第六十四條　町村長ヲ選擧シ又ハ助役ヲ定メ若ハ選擧シタルトキハ府縣知事ノ認可ヲ受クヘシ
前項ノ場合ニ於テ府縣知事ノ不認可ニ對シ町村長又ハ町村會ニ於テ不服アルトキハ內務大臣ニ具狀シテ認可ヲ請フコトヲ得
有給町村長及有給助役ハ三月前ニ申立ツルトキハ任意退職スルコトヲ得

第六十五條　町村長及助役ハ第十五條第二項ニ揭ケタル職ヲ兼ヌルコトヲ得ス又其ノ町村ニ對シ請負ヲ爲シ及同一ノ行爲ヲ爲ス者ノ支配人又ハ主トシテ同一ノ行爲ヲ爲ス法人ノ無限責任社員、重役及支配人タルコトヲ得ス
町村長ト父子兄弟タル緣故アル者ハ助役ノ職ニ在ルコトヲ得ス
父子兄弟タル緣故アル者ハ同時ニ助役ノ職ニ在ルコトヲ得ス第十五條第五項ノ規定ハ此ノ場合ニ之ヲ準用ス

第六十六條　有給町村長及有給助役ハ郡長ノ許可ヲ受クルニ非サレハ他ノ報償アル業務ニ從事スルコトヲ得ス
有給町村長及有給助役ハ會社ノ重役又ハ支配人其ノ他ノ事務員タルコトヲ得ス

第六十七條　町村ニ收入役一人ヲ置ク但シ特別ノ事情アル町村ニ於テハ町村條例ヲ

以テ副收入役一人ヲ置クコトヲ得
收入役及副收入役ハ有給吏員トシ其ノ任期ハ四年トス
收入役及副收入役ハ町村長ノ推薦ニ依リ町村會之ヲ定メ郡長ノ認可ヲ受クヘシ
前項ノ場合ニ於テ郡長ノ不認可ニ對シ町村長又ハ町村會ニ於テ不服アルトキハ府縣知事ニ具狀シテ認可ヲ請フコトヲ得
第六十三條第四項ノ規定ハ收入役ニ第六十五條第一項及前條ノ規定ハ收入役及副收入役ニ之ヲ準用ス
町村長又ハ助役ト父子兄弟タル緣故アル者ハ收入役又ハ副收入役ノ職ニ在ルコトヲ得ス收入役ト父子兄弟タル緣故アル者ハ副收入役ノ職ニ在ルコトヲ得ス
特別ノ事情アル町村ニ於テハ郡長ノ許可ヲ得テ町村長又ハ助役ヲシテ收入役ノ事務ヲ兼掌セシムルコトヲ得

第六十八條 町村ハ處務便宜ノ爲區ヲ劃シ區長及其ノ代理者一人ヲ置クコトヲ得
區長及其ノ代理者ハ名譽職トス町村會ニ於テ町村公民中選擧權ヲ有スル者ヨリ之ヲ選擧ス

第六十九條 町村ハ臨時又ハ常設ノ委員ヲ置クコトヲ得
委員ハ名譽職トス町村會ニ於テ町村會議員又ハ町村公民中選擧權ヲ有スル者ヨリ之ヲ選擧ス但シ委員長ハ町村長又ハ其ノ委任ヲ受ケタル助役ヲ以テ之ニ充ツ
常設委員ノ組織ニ關シテハ町村條例ヲ以テ別段ノ規定ヲ設クルコトヲ得

第七十條　名譽職町村長及名譽職助役其ノ他町村公民ニ限リテ擔任スヘキ職務ニ在ル吏員ニシテ町村公民權ヲ喪失シ若ハ停止セラレタルトキ又ハ第九條第三項ノ場合ニ當ルトキハ其ノ職ヲ失フ職ニ就キタルカ爲町村公民タル者ニシテ禁治產若ハ準禁治產ノ宣告ヲ受ケタルトキ又ハ第九條第二項若ハ第三項ノ場合ニ當ルトキ亦同シ

前項ノ職務ニ在ル者ニシテ禁錮以上ノ刑ニ當ルヘキ罪ノ爲豫審又ハ公判ニ付セラレタルトキハ監督官廳ハ其ノ職務ノ執行ヲ停止スルコトヲ得此ノ場合ニ於テハ其ノ停止期間報酬又ハ給料ヲ支給スルコトヲ得ス

第七十一條　前數條ニ定ムル者ノ外町村ニ必要ノ有給吏員ヲ置キ町村長之ヲ任免ス

前項吏員ノ定數ハ町村會ノ議決ヲ經テ之ヲ定ム

第二款　職務權限

第七十二條　町村長ハ町村ヲ統轄シ町村ヲ代表ス

町村長ノ擔任スル事務ノ概目左ノ如シ

一　町村會ノ議決ヲ經ヘキ事件ニ付其ノ議案ヲ發シ及其ノ議決ヲ執行スル事

二　財產及營造物ヲ管理スル事但シ特ニ之カ管理者ヲ置キタルトキハ其ノ事務ヲ監督スル事

三　收入支出ヲ命令シ及會計ヲ監督スル事

四　證書及公文書類ヲ保管スル事

五　法令又ハ町村會ノ議決ニ依リ使用料、手數料、加入金、町村税又ハ夫役現品ヲ賦課徴收スル事

六　其ノ他法令ニ依リ町村長ノ職權ニ屬スル事項

第七十三條　町村長ハ町村吏員ヲ指揮監督シ之ニ對シ懲戒ヲ行フコトヲ得其ノ懲戒處分ハ譴責及五圓以下ノ過怠金トス

第七十四條　町村會ノ議決又ハ選擧其ノ權限ヲ越エ又ハ法令若ハ會議規則ニ背クト認ムルトキハ町村長ハ其ノ意見ニ依リ又ハ監督官廳ノ指揮ニ依リ理由ヲ示シテ之ヲ再議ニ付シ又ハ再選擧ヲ行ハシムヘシ其ノ執行ヲ要スルモノニ在リテハ之ヲ停止スヘシ

前項ノ場合ニ於テ町村會其ノ議決ヲ改メサルトキハ町村長ハ府縣參事會ノ裁決ヲ請フヘシ但シ特別ノ事由アルトキハ再議ニ付セスシテ直ニ裁決ヲ請フコトヲ得

監督官廳ハ第一項ノ議決又ハ選擧ヲ取消スコトヲ得但シ裁決ノ申請アリタルトキハ此ノ限ニ在ラス

前項ノ規定ニ依ル郡長ノ處分ニ不服アル町村長又ハ町村會ハ府縣參事會ニ訴願スルコトヲ得其ノ裁決、第二項ノ裁決又ハ前項ノ規定ニ依ル府縣知事ノ處分ニ不服アル町村長又ハ町村會ハ行政裁判所ニ出訴スルコトヲ得

町村會ノ議決公益ヲ害シ又ハ町村ノ收支ニ關シ不適當ナリト認ムルトキハ町村長ハ其ノ意見ニ依リ又ハ監督官廳ノ指揮ニ依リ理由ヲ示シテ之ヲ再議ニ付スヘシ其

ノ執行ヲ要スルモノニ在リテハ之ヲ停止スヘシ
前項ノ場合ニ於テ町村會其ノ議決ヲ改メサルトキハ町村長ハ郡長ノ處分ヲ請フヘシ
前項ノ處分ニ不服アル町村長又ハ町村會ハ府縣參事會ニ訴願シ其ノ裁決ニ不服アルトキハ內務大臣ニ訴願スルコトヲ得
前項府縣參事會ノ裁決ニ付テハ府縣知事ヨリモ訴願ヲ提起スルコトヲ得
第二項及第四項ノ裁決ニ付テハ府縣知事ヨリモ訴訟ヲ提起スルコトヲ得
第七十五條　町村會成立セサルトキ又ハ第四十八條但書ノ場合ニ於テ仍會議ヲ開クコト能ハサルトキハ町村長ハ郡長ニ具狀シテ指揮ヲ請ヒ町村會ノ議決スヘキ事件ヲ處置スルコトヲ得
町村會ニ於テ其ノ議決スヘキ事件ヲ議決セサルトキハ前項ノ例ニ依ル
町村會ノ決定スヘキ事件ニ關シテハ前二項ノ例ニ依ル此ノ場合ニ於ケル町村長ノ處置ニ關シテハ各本條ノ規定ニ準シ訴願又ハ訴訟ヲ提起スルコトヲ得
前三得ノ規定ニ依ル處置ニ付テハ次回ノ會議ニ於テ之ヲ町村會ニ報告スヘシ
第七十六條　町村會ニ於テ議決又ハ決定スヘキ事件ニ關シ臨時急施ヲ要スル場合ニ於テ町村會成立セサルトキ又ハ村町長ニ於テ之ヲ招集スルノ暇ナシト認ムルトキハ町村長ハ之ヲ專決シ次回ノ會議ニ於テ之ヲ町村會ニ報告スヘシ
前項ノ規定ニ依リ町村長ノ爲シタル處分ニ關シテハ各本條ノ規定ニ準シ訴願又ハ

訴訟ヲ提起スルコトヲ得

第七十七條　町村長其ノ他町村吏員ハ法令ノ定ムル所ニ依リ國府縣其ノ他公共團體ノ事務ヲ掌ル

前項ノ事務ヲ執行スル爲要スル費用ハ町村ノ負擔トス但シ法令中別段ノ規定アルモノハ此ノ限ニ在ラス

第七十八條　町村長ハ郡長ノ許可ヲ得テ其ノ事務ノ一部ヲ助役又ハ區長ニ分掌セシムルコトヲ得但シ町村ノ事務ニ付テハ豫メ町村會ノ同意ヲ得ルコトヲ要ス

町村長ハ町村吏員ヲシテ其ノ事務ノ一部ヲ臨時代理セシムルコトヲ得

第七十九條　助役ハ町村長ノ事務ヲ補助ス

助役ハ町村長故障アルトキ之ヲ代理ス助役數人アルトキハ豫メ町村長ノ定メタル順序ニ依リ之ヲ代理ス

第八十條　收入役ハ町村ノ出納其ノ他ノ會計事務及第七十七條ノ事務ニ關スル國府縣其ノ他公共團體ノ出納其ノ他ノ會計事務ヲ掌ル但シ法令中別段ノ規定アルモノハ此ノ限ニ在ラス

町村ハ收入役故障アルトキ之ヲ代理スヘキ吏員ヲ定メ郡長ノ認可ヲ受クヘシ但シ副收入役ヲ置キタル町村ハ此ノ限ニ在ラス

副收入役ハ收入役ノ事務ヲ補助シ收入役故障アルトキ之ヲ代理ス

町村長ハ郡長ノ許可ヲ得テ收入役ノ事務ノ一部ヲ副收入役ニ分掌セシムルコトヲ

得但シ町村ノ出納其ノ他ノ會計事務ニ付テハ豫メ町村會ノ同意ヲ得ルコトヲ要ス

第八十一條　區長ハ町村長ノ命ヲ承ケ町村長ノ事務ニシテ區內ニ關スルモノヲ補助ス

區長代理者ハ區長ノ事務ヲ補助シ區長故障アルトキ之ヲ代理ス

第八十二條　委員ハ町村長ノ指揮監督ヲ承ケ財產又ハ營造物ヲ管理シ其ノ他委託ヲ受ケタル町村ノ事務ヲ調査シ又ハ之ヲ處辨ス

第八十三條　第七十一條ノ吏員ハ町村長ノ命ヲ承ケ事務ニ從事ス

第四章　給料及給與

第八十四條　名譽職町村長、名譽職助役、町村會議員其ノ他ノ名譽職員ハ職務ノ爲要スル費用ノ辨償ヲ受クルコトヲ得

名譽職町村長、名譽職助役、區長、區長代理者及委員ニハ費用辨償ノ外勤務ニ相當スル報酬ヲ給スルコトヲ得

費用辨償額報酬額及其ノ支給方法ハ町村會ノ議決ヲ經テ之ヲ定ム

第八十五條　有給町村長、有給助役其ノ他ノ有給吏員ノ給料額、旅費額及其ノ支給方法ハ町村會ノ議決ヲ經テ之ヲ定ム

第八十六條　有給吏員ニハ町村條例ノ定ムル所ニ依リ退隱料、退職給與金、死亡給與金又ハ遺族扶助料ヲ給スルコトヲ得

第八十七條　費用辨償、報酬、給料、旅費、退隱料、退職給與金、死亡給與金又ハ

遺族扶助料ノ給與ニ付關係者ニ於テ異議アルトキハ之ヲ町村長ニ申立ツルコトヲ得

前項ノ異議ハ之ヲ町村會ノ決定ニ付スヘシ關係者其ノ決定ニ不服アルトキハ府縣參事會ニ訴願シ其ノ裁決又ハ第三項ノ裁決ニ不服アルトキハ行政裁判所ニ出訴スルコトヲ得

前項ノ決定及裁決ニ付テハ町村長ヨリモ訴願又ハ訴訟ヲ提起スルコトヲ得

前二項ノ裁決ニ付テハ府縣知事ヨリモ訴訟ヲ提起スルコトヲ得

第八十八條 費用辨償、報酬、給料、旅費、退隱料、退職給與金、死亡給與金、遺族扶助料其ノ他ノ給與ハ町村ノ負擔トス

第五章　町村ノ財務

第一款　財産營造物及町村税

第八十九條 收益ノ爲ニスル町村ノ財産ハ基本財産トシ之ヲ維持スヘシ

町村ハ特定ノ目的ノ爲特別ノ基本財産ヲ設ケ又ハ金穀等ヲ積立ツルコトヲ得

第九十條 舊來ノ慣行ニ依リ町村住民中特ニ財産又ハ營造物ヲ使用スル權利ヲ有スル者アルトキハ其ノ舊慣ニ依ル舊慣ヲ變更又ハ廢止セムトスルトキハ町村會ノ議決ヲ經ヘシ

前項ノ財産又ハ營造物ヲ新ニ使用セムトスル者アルトキハ町村ハ之ヲ許可スルコトヲ得

第九十一條　町村ハ前條ニ規定スル財產ノ使用方法ニ關シ町村規則ヲ設クルコトヲ得

第九十二條　町村ハ第九十條第一項ノ使用者ヨリ使用料ヲ徵收シ同條第二項ノ使用ニ關シテハ使用若ハ一時ノ加入金ヲ徵收シ又ハ使用料及加入金ヲ共ニ徵收スルコトヲ得

第九十三條　町村ハ營造物ノ使用ニ付使用料ヲ徵收スルコトヲ得

第九十四條　町村ハ特ニ一個人ノ爲ニスル事務ニ付手數料ヲ徵收スルコトヲ得

第九十五條　財產ノ賣却貸與工事ノ請負及物件勞力其ノ他ノ供給ハ競爭入札ニ付スヘシ但シ臨時急施ヲ要スルトキ、入札ノ價額其ノ費用ニ比シテ得失相償ハサルトキ又ハ町村會ノ同意ヲ得タルトキハ此ノ限ニ在ラス

第九十六條　町村ハ其ノ公益上必要アル場合ニ於テハ寄附又ハ補助ヲ爲スコトヲ得

第九十七條　町村ハ其ノ必要ナル費用及從來法令ニ依リ又ハ將來法律勅令ニ依リ町村ノ負擔ニ屬スル費用ヲ支辨スル義務ヲ負フ

町村ハ其ノ財產ヨリ生スル收入、使用料、手數料、過料、過怠金其ノ他法令ニ依リ町村ニ屬スル收入ヲ以テ前項ノ支出ニ充テ仍不足アルトキハ町村稅及夫役現品ヲ賦課徵收スルコトヲ得

第九十七條　町村稅トシテ賦課スルコトヲ得ヘキモノ左ノ如シ

一　國稅府縣稅ノ附加稅

二　特別税

直接國稅又ハ直接府縣稅ノ附加稅ハ均一ノ稅率ヲ以テ之ヲ徵收スヘシ但シ第百四十七條ノ規定ニ依リ許可ヲ受ケタル場合ハ此ノ限ニ在ラス

國稅ノ附加稅タル府縣稅ニ對シテハ附加稅ヲ賦課スルコトヲ得ス

特別稅ハ別ニ稅目ヲ起シテ課稅スルノ必要アルトキ賦課徵收スルモノトス

第九十八條　三月以上町村內ニ滯在スル者ハ其ノ滯在ノ初ニ遡リ町村稅ヲ納ムル義務ヲ負フ

第九十九條　町村內ニ住所ヲ有セス又ハ三月以上滯在スルコトナシト雖町村內ニ於テ土地家屋物件ヲ所有シ使用シ若ハ占有シ、町村內ニ營業所ヲ設ケテ營業ヲ爲シ又ハ町村內ニ於テ特定ノ行爲ヲ爲ス者ハ其ノ土地家屋物件營業若ハ其ノ收入ニ對シ又ハ其ノ行爲ニ對シテ賦課スル町村稅ヲ納ムル義務ヲ負フ

第百條　納稅者ノ町村外ニ於テ所有シ使用シ占有スル土地家屋物件若ハ其ノ收入又ハ町村外ニ於テ營業所ヲ設ケタル營業若ハ其ノ收入ニ對シテハ町村稅ヲ賦課スルコトヲ得ス

町村ノ內外ニ於テ營業所ヲ設ケル營業ヲ爲ス者ニシテ其ノ營業又ハ收入ニ對スル本稅ヲ分別シテ納メサルモノニ對シ附加稅ヲ賦課スル場合及住所滯在町村ノ內外ニ涉ル者ノ收入ニシテ土地家屋物件又ハ營業所ヲ設ケタル營業ヨリ生スル收入ニ非サルモノニ對シ町村稅ヲ賦課スル場合ニ付テハ勅令ヲ以テ之ヲ定ム

第百一條　所得稅法第三條ニ揭クル所得ニ對シテハ町村稅ヲ賦課スルコトヲ得ス
神社寺院祠宇佛堂ノ用ニ供スル建物及其ノ境内地竝教會所說教所ノ用ニ供スル建物及其ノ構内地ニ對シテハ町村稅ヲ賦課スルコトヲ得ス但シ有料ニテ之ヲ使用セシムル者及住宅ヲ以テ教會所說教所ノ用ニ充ツル者ニ對シテハ此ノ限ニ在ラス
國府縣市町村其ノ他公共團體ニ於テ公用ニ供スル家屋物件及營造物ニ對シテハ町村稅ヲ賦課スルコトヲ得ス但シ有料ニテ之ヲ使用セシムル者及使用收益者ニ對シテハ此ノ限ニ在ラス
國ノ事業又ハ行爲及國有ノ土地家屋物件ニ對シテハ國ニ町村稅ヲ賦課スルコトヲ得ス
前四項ノ外町村稅ヲ賦課スルコトヲ得サルモノハ別ニ法律勅令ノ定ムル所ニ依ル

第百二條　數人ヲ利スル營造物ノ設置維持其ノ他ノ必要ナル費用ハ其ノ關係者ニ負擔セシムルコトヲ得
町村ノ一部ヲ利スル營造物ノ設置維持其ノ他ノ必要ナル費用ハ其ノ部內ニ於テ町村稅ヲ納ムル義務アル者ニ負擔セシムルコトヲ得
前二項ノ場合ニ於テ營造物ヨリ生スル收入アルトキハ先ツ其ノ收入ヲ以テ其ノ費用ニ充ツヘシ
前項ノ場合ニ於テ其ノ一部ノ收入アルトキ亦同シ
數人又ハ町村ノ一部ヲ利スル財產ニ付テハ前三項ノ例ニ依ル

第百三條　町村税及其ノ賦課徴收ニ關シテハ本法其ノ他ノ法律ニ規定アルモノノ外勅令ヲ以テ之ヲ定ムルコトヲ得

第百四條　數人若ハ町村ノ一部ニ對シ特ニ利益アル事件ニ關シテハ町村ハ不均一ノ賦課ヲ爲シ又ハ數人若ハ町村ノ一部ニ對シ賦課ヲ爲スコトヲ得

第百五條　夫役又ハ現品ハ直接町村税ヲ準率ト爲シ且之ヲ金額ニ算出シテ賦課スヘシ但シ第百四十七條ノ規定ニ依リ許可ヲ受ケタル場合ハ此ノ限ニ在ラス

學藝美術及手工ニ關スル勞務ニ付テハ夫役ヲ賦課スルコトヲ得ス

夫役ヲ賦課セラレタル者ハ本人自ラ之ニ當リ又ハ適當ノ代人ヲ出スコトヲ得

夫役又ハ現品ハ金錢ヲ以テ之ニ代フルコトヲ得

第一項及前項ノ規定ハ急迫ノ場合ニ賦課スル夫役ニ付テハ之ヲ適用セス

第百六條　非常災害ノ爲必要アルトキハ町村ハ他人ノ土地ヲ一時使用シ又ハ其ノ土石竹木其ノ他ノ物品ヲ使用シ若ハ收用スルコトヲ得但シ其ノ損失ヲ補償スヘシ

前項ノ場合ニ於テ危險防止ノ爲必要アルトキハ町村長、警察官吏又ハ監督官廳ハ町村内ノ居住者ヲシテ防禦ニ從事セシムルコトヲ得

第一項但書ノ規定ニ依リ補償スヘキ金額ハ協議ニ依リ之ヲ定ム協議調ハサルトキハ鑑定人ノ意見ヲ徴シ府縣知事之ヲ決定ス決定ヲ受ケタル者其ノ決定ニ不服アルトキハ内務大臣ニ訴願スルコトヲ得

前項ノ決定ハ文書ヲ以テ之ヲ爲シ其ノ理由ヲ附シ之ヲ本人ニ交付スヘシ

第一項ノ規定ニ依リ土地ノ一時使用ノ處分ヲ受ケタル者其ノ處分ニ不服アルトキハ郡長ニ訴願シ其ノ裁決ニ不服アルトキハ府縣知事ニ訴願シ其ノ裁決ニ不服アルトキハ内務大臣ニ訴願スルコトヲ得

第百七條　町村税ノ賦課ニ關シ必要アル場合ニ於テハ當該吏員ハ日出ヨリ日沒迄ノ間營業者ニ關シテハ仍其ノ營業時間内家宅若ハ營業所ニ臨檢シ又ハ帳簿物件ノ檢査ヲ爲スコトヲ得

前項ノ場合ニ於テハ當該吏員ハ其ノ身分ヲ證明スヘキ證票ヲ携帶スヘシ

第百八條　町村長ハ納税者中特別ノ事情アル者ニ對シ納税延期ヲ許スコトヲ得其ノ年度ヲ越ユル場合ニ町村會ノ議決ヲ經ヘシ

町村ハ特別ノ事情アル者ニ限リ町村税ヲ減免スルコトヲ得

第百九條　使用料手數料及特別税ニ關スル事項ニ付テハ町村條例ヲ以テ之ヲ規定スヘシ其ノ條例中ニハ五圓以下ノ過料ヲ科スル規定ヲ設クルコトヲ得

財産又ハ營造物ノ使用ニ關シテハ町村條例ヲ以テ五圓以下ノ過料ヲ科スル規定ヲ設クルコトヲ得

過料ノ處分ヲ受ケタル者其ノ處分ニ不服アルトキハ府縣參事會ニ訴願シ其ノ裁決ニ不服アルトキハ行政裁判所ニ出訴スルコトヲ得

前項ノ裁決ニ付テハ府縣知事又ハ町村長ヨリモ訴訟ヲ提起スルコトヲ得

第百十條　町村稅ノ賦課ヲ受ケタル者其ノ賦課ニ付違法又ハ錯誤アリト認ムルトキハ徵稅令書ノ交付ヲ受ケタル日ヨリ三月以內ニ町村長ニ異議ノ申立ヲ爲スコトヲ得

財產又ハ營造物ヲ使用スル權利ニ關シ異議アル者ハ之ヲ町村長ニ申立ツルコトヲ得

前二項ノ異議ハ之ヲ町村會ノ決定ニ付スヘシ決定ヲ受ケタル者其ノ決定ニ不服アルトキハ府縣參事會ニ訴願シ其ノ裁決又ハ第五項ノ裁決ニ不服アルトキハ行政裁判所ニ出訴スルコトヲ得

第一項及前項ノ規定ハ使用料手數料及加入金ノ徵收並夫役現品ノ賦課ニ關シ之ヲ準用ス

前二項ノ規定ニ依ル決定及裁決ニ付テハ町村長ヨリモ訴願又ハ訴訟ヲ提起スルコトヲ得

前三項ノ規定ニ依ル裁決ニ付テハ府縣知事ヨリモ訴訟ヲ提起スルコトヲ得

第百十一條　町村稅、使用料、手數料、加入金、過料、過怠金其ノ他ノ町村ノ收入ヲ定期內ニ納メサル者アルトキハ町村長ハ期限ヲ指定シテ之ヲ督促スヘシ

夫役現品ノ賦課ヲ受ケタル者定期內ハ其ノ履行ヲ爲サス又ハ夫役現品ニ代フル金錢ヲ納メサルトキハ町村長ハ期限ヲ指定シテ之ヲ督促スヘシ急迫ノ場合ニ賦課シタル夫役ニ付テハ更ニ之ヲ金額ニ算出シ期限ヲ指定シテ其ノ納付ヲ命スヘシ

前二項ノ場合ニ於テハ町村條例ノ定ムル所ニ依リ手數料ヲ徴收スルコトヲ得
滯納者第一項又ハ第二項ノ督促又ハ命令ヲ受ケ其ノ指定ノ期限内ニ之ヲ完納セサルトキハ國税滯納處分ノ例ニ依リ之ヲ處分スヘシ
第一項乃至第三項ノ徴收金ハ府縣ノ徴收金ニ次テ先取特權ヲ有シ其ノ追徴還付及時效ニ付テハ國税ノ例ニ依ル
前三項ノ處分ヲ受ケタル者其ノ處分ニ不服アルトキハ府縣參事會ニ訴願シ其ノ裁決ニ不服アルトキハ行政裁判所ニ出訴スルコトヲ得
前項ノ裁決ニ付テハ府縣知事又ハ町村長ヨリモ訴訟ヲ提起スルコトヲ得
第四項ノ處分中差押物件ノ公賣ハ處分ノ確定ニ至ル迄執行ヲ停止ス

第百十二條　町村ハ其ノ負債ヲ償還スル爲、町村ノ永久ノ利益ト爲ルヘキ支出ヲ爲ス爲又ハ天災事變等ノ爲必要アル場合ニ限リ町村債ヲ起スコトヲ得
町村債ヲ起スニ付町村會ノ議決ヲ經ルトキハ併セテ起債ノ方法利息ノ定率及償還ノ方法ニ付議決ヲ經ヘシ
町村ハ豫算内ノ支出ヲ爲ス爲一時ノ借入金ヲ爲スコトヲ得
前項ノ借入金ハ其ノ會計年度内ノ收入ヲ以テ償還スヘシ

第二款　歳入出豫算及決算

第百十三條　町村長ハ毎會計年度歳入出豫算ヲ調製シ遲クトモ年度開始ノ一月前ニ町村會ノ議決ヲ經ヘシ

町村ノ會計年度ハ政府ノ會計年度ニ依ル
豫算ヲ町村會ニ提出スルトキハ町村長ハ併セテ事務報告書及財産表ヲ提出スヘシ
第百十四條　町村長ハ町村會ノ議決ヲ經テ既定豫算ノ追加又ハ更正ヲ爲スコトヲ得
第百十五條　町村費ヲ以テ支辨スル事件ニシテ數年ヲ期シテ其ノ費用ヲ支出スヘキモノハ町村會ノ議決ヲ經テ其ノ年期間各年度ノ支出額ヲ定メ繼續費ト爲スコトヲ得
第百十六條　町村ハ豫算外ノ支出又ハ豫算超過ノ支出ニ充ツル爲豫備費ヲ設クヘシ
豫備費ハ町村會ノ否決シタル費途ニ充ツルコトヲ得ス
第百十七條　豫算ハ議決ヲ經タル後直ニ之ヲ郡長ニ報告シ且其ノ要領ヲ告示スヘシ
第百十八條　町村ハ特別會計ヲ設クルコトヲ得
第百十九條　町村會ニ於テ豫算ヲ議決シタルトキハ町村長ヨリ其ノ謄本ヲ收入役ニ交付スヘシ
收入役ハ町村長又ハ監督官廳ノ命令アルニ非サレハ支拂ヲ爲スコトヲ得ス命令ヲ受クルモ支出ノ豫算ナク且豫備費支出、費目流用其ノ他財務ニ關スル規定ニ依リ支出ヲ爲スコトヲ得サルトキ亦同シ
前二項ノ規定ハ收入役ノ事務ヲ兼掌シタル町村長又ハ助役ニ之ヲ準用ス
第百二十條　町村ノ支拂金ニ關スル時效ニ付テハ政府ノ支拂金ノ例ニ依ル

第百二十一條　町村ノ出納ハ毎月例日ヲ定メテ之ヲ檢査シ且毎會計年度少クトモ二回臨時檢査ヲ爲スヘシ
檢査ハ町村長之ヲ爲シ臨時檢査ニハ町村會ニ於テ選擧シタル議員二人以上ノ立會ヲ要ス

第百二十二條　町村ノ出納ハ翌年度六月三十日ヲ以テ閉鎖ス
決算ハ出納閉鎖後一月以内ニ證書類ヲ併セテ收入役ヨリ之ヲ町村長ニ提出スヘシ町村長ハ之ヲ審査シ意見ヲ付シテ次ノ通常豫算ヲ議スル會議迄ニ之ヲ町村會ノ認定ニ付スヘシ
第六十七條第八項ノ場合ニ於テハ前項ノ例ニ依ル但シ町村長ニ於テ兼掌シタルトキハ直ニ町村會ノ認定ニ付スヘシ
決算ハ其ノ認定ニ關スル町村會ノ議決ト共ニ之ヲ郡長ニ報告シ且其ノ要領ヲ告示スヘシ
決算ノ認定ニ關スル會議ニ於テハ町村長及助役共ニ議長ノ職務ヲ行フコトヲ得ス

第百二十三條　豫算調製ノ式、費目流用其ノ他財務ニ關シ必要ナル規定ハ内務大臣之ヲ定ム

第六章　町村ノ一部ノ事務

第百二十四條　町村ノ一部ニシテ財産ヲ有シ又ハ營造物ヲ設ケタルモノアルトキハ其ノ財産又ハ營造物ノ管理及處分ニ付テハ本法中町村ノ財産又ハ營造物ニ關スル

規定ニ依ル但シ法律勅令中別段ノ規定アル場合ハ此ノ限ニ在ラス
前項ノ財産又ハ營造物ニ關シ特ニ要スル費用ハ其ノ財産又ハ營造物ノ屬スル町村ノ一部ノ負擔トス
前二項ノ場合ニ於テハ町村ノ一部ハ其ノ會計ヲ分別スヘシ
第百二十五條 前條ノ財産又ハ營造物ニ關シ必要アリト認ムルトキハ郡長ハ町村會ノ意見ヲ徵シテ町村條例ヲ設定シ區會又ハ區總會ヲ設ケテ町村會ノ議決スヘキ事項ヲ議決セシムルコトヲ得
第百二十六條 區會議員ハ町村ノ名譽職トス其ノ定數、任期、選擧權及被選擧權ニ關スル事項ハ前條ノ町村條例中ニ之ヲ規定スヘシ區總會ノ組織ニ關スル事項ニ付亦同シ
區會議員ノ選擧ニ付テハ町村會議員ニ關スル規定ヲ準用ス但シ選擧人名簿又ハ選擧若ハ當選ノ效力ニ關スル異議ノ決定及被選擧權ノ有無ノ決定ハ町村會ニ於テ之ヲ爲スヘシ
區會又ハ區總會ニ關シテハ町村會ニ關スル規定ヲ準用ス
第百二十七條 第百二十四條ノ場合ニ於テ町村ノ一部郡長ノ處分ニ不服アルトキハ府縣知事ニ訴願スルコトヲ得
第百二十八條 第百二十四條ノ町村ノ一部ノ事務ニ關シテハ本法ニ規定スルモノノ外勅令ヲ以テ之ヲ定ム

第七章　町村組合

第百二十九條　町村ハ其ノ事務ノ一部ヲ共同處理スル爲其ノ協議ニ依リ府縣知事ノ許可ヲ得テ町村組合ヲ設クルコトヲ得此ノ場合ニ於テ組合内各町村ノ町村會又ハ町村吏員ノ職務ニ屬スル事項ナキニ至リタルトキハ其ノ町村會又ハ町村吏員ハ組合成立ト同時ニ消滅ス

町村ハ特別ノ必要アル場合ニ於テハ其ノ協議ニ依リ府縣知事ノ許可ヲ得テ其ノ事務ノ全部ヲ共同處理スル爲町村組合ヲ設クルコトヲ得此ノ場合ニ於テハ組合内各町村ノ町村會及町村吏員ハ組合成立ト同時ニ消滅ス

公益上必要アル場合ニ於テハ府縣知事ハ關係アル町村會ノ意見ヲ徵シ府縣參事會ノ議決ヲ經內務大臣ノ許可ヲ得テ前二項ノ町村組合ヲ設クルコトヲ得

町村組合ハ法人トス

第百三十條　前條第一項ノ町村組合ニシテ其ノ組合町村ノ數ヲ增減シ又ハ共同事務ノ變更ヲ爲サムトスルトキハ關係町村ノ協議ニ依リ府縣知事ノ許可ヲ受クヘシ

前條第二項ノ町村組合ニシテ其ノ組合町村ノ數ヲ減少セムトスルトキハ組合會ノ議決ニ依リ其ノ組合町村ノ數ヲ增加セムトスルトキハ其ノ町村組合ト新ニ加ハラムトスル町村トノ協議ニ依リ府縣知事ノ許可ヲ受クヘシ

公益上必要アル場合ニ於テハ府縣知事ハ關係アル町村會又ハ組合會ノ意見ヲ徵シ府縣參事會ノ議決ヲ經內務大臣ノ許可ヲ得テ組合町村ノ數ヲ增減シ又ハ一部事務

ノ爲設クル組合ノ共同事務ノ變更ヲ爲スコトヲ得

第百三十一條　町村組合ヲ設クルトキハ關係町村ノ協議ニ依リ組合規約ヲ定メ府縣知事ノ許可ヲ受クヘシ

組合規約ヲ變更セムトスルトキハ一部事務ノ爲ニ設クル組合ニ在リテハ關係町村ノ協議ニ依リ全部事務ノ爲ニ設クル組合ニ在リテハ組合會ノ議決ヲ經府縣知事ノ許可ヲ受クヘシ

公益上必要アル場合ニ於テハ府縣知事ハ關係アル町村會又ハ組合會ノ意見ヲ徴シ府縣參事會ノ議決ヲ經內務大臣ノ許可ヲ得テ組合規約ヲ定メ又ハ變更スルコトヲ得

第百三十二條　組合規約ニハ組合ノ名稱、組合ヲ組織スル町村、組合ノ共同事務及組合役場ノ位置ヲ定ムヘシ

一部事務ノ爲ニ設クル組合ノ組合規約ニハ前項ノ外組合會ノ組織及組合會議員ノ選擧・組合吏員ノ組織及選任並組合費用ノ支辨方法ニ付規定ヲ設クヘシ

第百三十三條　町村組合ヲ解カムトスルトキハ一部事務ノ爲ニ設クル組合ニ於テハ關係町村ノ協議ニ依リ全部事務ノ爲ニ設クル組合ニ於テハ組合會ノ議決ニ依リ府縣知事ノ許可ヲ受クヘシ

公益上必要アル場合ニ於テハ府縣知事ハ關係アル町村會又ハ組合會ノ意見ヲ徴シ府縣參事會ノ議決ヲ經內務大臣ノ許可ヲ得テ町村組合ヲ解クコトヲ得

第百三十四條　第百三十條第一項第二項及前條第一項ノ場合ニ於テ財産ノ處分ニ關スル事項ハ關係町村ノ協議關係町村ト組合トノ協議又ハ組合會ノ議決ニ依リ府縣知事ノ許可ヲ受クヘシ

第百三十條第三項及前條第二項ノ場合ニ於テ財産ノ處分ニ關スル事項ハ關係アル町村會又ハ組合會ノ意見ヲ徴シ府縣參事會ノ議決ヲ經内務大臣ノ許可ヲ得テ府縣知事之ヲ定ム

第百三十五條　第百二十九條第一項及第二項第百三十條第一項及第二項第百三十一條第一項及第二項第百三十三條第一項竝前條第一項ノ規定ニ依ル府縣知事ノ處分ニ不服アル町村又ハ町村組合ハ内務大臣ニ訴願スルコトヲ得

組合費ノ分賦ニ關シ違法又ハ錯誤アリト認ムル町村ハ其ノ告知アリタル日ヨリ三月以内ニ組合ノ管理者ニ異議ノ申立ヲ爲スコトヲ得

前項ノ異議ハ之ヲ組合會ノ決定ニ付スヘシ其ノ決定ニ不服アル町村ハ府縣參事會ニ訴願シ其ノ裁決又ハ第四項ノ裁決ニ不服アルトキハ行政裁判所ニ出訴スルコトヲ得

前項ノ決定及裁決ニ付テハ組合ノ管理者ヨリモ訴願又ハ訴訟ヲ提起スルコトヲ得

前二項ノ裁決ニ付テハ府縣知事ヨリモ訴訟ヲ提起スルコトヲ得

第百三十六條　町村組合ニ關シテハ法律勅令中別段ノ規定アル場合ヲ除クノ外町村

ニ關スル規定ヲ準用ス

第八章　町村ノ監督

第百三十七條　町村ハ第一次ニ於テ郡長之ヲ監督シ第二次ニ於テ府縣知事之ヲ監督シ第三次ニ於テ内務大臣之ヲ監督ス

第百三十八條　本法中別段ノ規定アル場合ヲ除クノ外町村ノ監督ニ關スル郡長ノ處分ニ不服アル町村ハ府縣知事ニ訴願シ其ノ裁決ニ不服アルトキハ内務大臣ニ訴願スルコトヲ得

第百三十九條　本法中行政裁判所ニ出訴スルコトヲ得ヘキ場合ニ於テハ内務大臣ニ訴願スルコトヲ得

第百四十條　異議ノ申立又ハ訴願ノ提起ハ處分決定又ハ裁決アリタル日ヨリ二十一日以内ニ之ヲ爲スヘシ但シ本法中別ニ期間ヲ定メタルモノハ此ノ限ニ在ラス

行政訴訟ノ提起ハ處分決定裁定又ハ裁決アリタル日ヨリ卅日以内ニ之ヲ爲スヘシ

異議ノ申立ニ關スル期間ノ計算ニ付テハ訴願法ノ規定ニ依ル

異議ノ申立ハ期限經過後ニ於テモ宥恕スヘキ事由アリト認ムルトキハ仍之ヲ受理スルコトヲ得

異議ノ決定ハ文書ヲ以テ之ヲ爲シ其ノ理由ヲ附シ之ヲ申立人ニ交付スヘシ

異議ノ申立アルモ處分ノ執行ハ之ヲ停止セス但シ行政廳ハ其ノ職權ニ依リ又ハ關

係者ノ請求ニ依リ必要ト認ムルトキハ之ヲ停止スルコトヲ得

第百四十一條　監督官廳ハ町村ノ監督上必要アル場合ニ於テハ事務ノ報告ヲ爲サシメ書類帳簿ヲ徴シ及實地ニ就キ事務ヲ視察シ又ハ出納ヲ檢閲スルコトヲ得

監督官廳ハ町村ノ監督上必要ナル命令ヲ發シ又ハ處分ヲ爲スコトヲ得

上級監督官廳ハ下級監督官廳ノ町村ノ監督ニ關シテ爲シタル命令又ハ處分ヲ停止シ又ハ取消スコトヲ得

第百四十二條　内務大臣ハ町村會ノ解散ヲ命スルコトヲ得

町村會解散ノ場合ニ於テハ三月以内ニ議員ヲ選擧スヘシ

第百四十三條　町村ニ於テ法令ニ依リ負擔シ又ハ當該官廳ノ職權ニ依リ命スル費用ヲ豫算ニ載セサルトキハ郡長ハ理由ヲ示シテ其ノ費用ヲ豫算ニ加フルコトヲ得

町村長其ノ他ノ吏員其ノ執行スヘキ事件ヲ執行セサルトキハ郡長又ハ其ノ委任ヲ受ケタル官吏吏員之ヲ執行スルコトヲ得但シ其ノ費用ハ町村ノ負擔トス

前二項ノ處分ニ不服アル町村又ハ町村長其ノ他ノ吏員ハ府縣知事ニ訴願シ其ノ裁決ニ不服アルトキハ行政裁判所ニ出訴スルコトヲ得

第百四十四條　町村長、助役、收入役又ハ副收入役ニ故障アルトキハ監督官廳ハ臨時代理者ヲ選任シ又ハ官吏ヲ派遣シ其ノ職權ヲ管掌セシムルコトヲ得但シ官吏ヲ派遣シタル場合ニ於テハ其ノ旅費ハ町村費ヲ以テ辨償セシムヘシ

臨時代理者ハ有給ノ町村吏員トシ其ノ給料額旅費額等ハ監督官廳之ヲ定ム

第百四十五條　左ニ掲クル事件ハ内務大臣ノ許可ヲ受クヘシ
一　町村條例ヲ設ケ又ハ改廢スル事
二　學藝美術又ハ歴史上貴重ナル物件ヲ處分シ又ハ之ニ大ナル變更ヲ加フル事
第百四十六條　左ニ掲クル事件ハ内務大臣及大藏大臣ノ許可ヲ受クヘシ
一　町村債ヲ起シ並起債ノ方法、利息ノ定率及償還ノ方法ヲ定メ又ハ之ヲ變更スル事但シ第百十二條第三項ノ借入金ハ此ノ限ニ在ラス
二　特別税ヲ新設シ增額シ又ハ變更スル事
三　間接國税ノ附加税ヲ賦課スル事
四　使用料手數料及加入金ヲ新設シ增額シ又ハ變更スル事
第百四十七條　左ニ掲クル事件ハ郡長ノ許可ヲ受クヘシ
一　基本財産ノ管理及處分ニ關スル事
二　特別基本財産及積立金穀等ノ管理及處分ニ關スル事
三　第九十條ノ規定ニ依リ舊慣ヲ變更又ハ廢止スル事
四　寄附又ハ補助ヲ爲ス事
五　不動産ノ管理及處分ニ關スル事
六　均一ノ税率ニ依ラスシテ國税又ハ府縣税ノ附加税ヲ賦課スル事
七　第百二條第一項第二項及第四項ノ規定ニ依リ數人又ハ町村ノ一部ニ費用ヲ負擔セシムル事

八　第百四條ノ規定ニ依リ不均一ノ賦課ヲ爲シ又ハ數人若ハ町村ノ一部ニ對シ賦課ヲナス事
九　第百五條ノ準率ニ依ラスシテ夫役現品ヲ賦課スル事但シ急迫ノ場合ニ賦課スル夫役ニ付テハ此ノ限ニ在ラス
十　繼續費ヲ定メ又ハ變更スル事

第百四十八條　監督官廳ノ許可ヲ要スル事件ニ付テハ監督官廳ハ許可申請ノ趣旨ニ反セスト認ムル範圍內ニ於テ更正シテ許可ヲ與フルコトヲ得

第百四十九條　監督官廳ノ許可ヲ要スル事件ニ付テハ勅令ノ定ムル所ニ依リ其ノ許可ノ職權ヲ下級監督官廳ニ委任シ又ハ輕易ナル事件ニ限リ許可ヲ受ケシメサルコトヲ得

第百五十條　府縣知事又ハ郡長ハ町村長、助役、收入役、副收入役、區長、區長代理者委員其ノ他ノ町村吏員ニ對シ懲戒ヲ行フコトヲ得其ノ懲戒處分ハ譴責二十五圓以下ノ過怠金及解職トス但シ町村長、助役、收入役及區收入役ニ對スル解職ハ懲戒審查會ノ議決ヲ經テ府縣知事之ヲ行フ

懲戒審查會ハ內務大臣ノ命シタル府縣高等官三人及府縣名譽職參事會員ニ於テ互選シタル者三人ヲ以テ其ノ會員トシ府縣知事ヲ以テ會長トス知事故障アルトキハ其ノ代理者會長ノ職務ヲ行フ

府縣名譽職參事會員ノ互選スヘキ會員ノ選擧補闕及任期竝懲戒審查會ノ招集及會

議ニ付テハ府縣制中名譽職參事會員及府縣參事會ニ關スル規定ヲ準用ス但シ補充員ハ之ヲ設クルノ限ニ在ラス
解職ノ處分ヲ受ケタル者其ノ處分ニ不服アルトキハ郡長ノ處分ニ付テハ府縣知事ニ訴願シ其ノ裁決ニ不服アルトキ又ハ府縣知事ノ處分ニ付テハ内務大臣ニ訴願スルコトヲ得
府縣知事ハ町村長、助役、收入役及副收入役ノ解職ヲ行ハムトスル前其ノ停職ヲ命スルコトヲ得此ノ場合ニ於テハ其ノ停職期間報酬又ハ給料ヲ支給スルコトヲ得ス
懲戒ニ依リ解職セラレタル者ハ二年間市町村ノ公職ニ選擧セラレ又ハ任命セラルルコトヲ得ス
第百五十一條　町村吏員ノ服務紀律、賠償責任、身元保證及事務引繼ニ關スル規定ハ命令ヲ以テ之ヲ定ム
前項ノ命令ニハ事務引繼ヲ拒ミタル者ニ對シ二十五圓以下ノ過料ヲ科スル規定ヲ設クルコトヲ得

第九章　雜則

第百五十二條　郡長ノ職權ニ屬スル事件ニシテ數郡ニ渉ルモノアルトキハ府縣知事ハ關係郡長ノ具狀ニ依リ其ノ事件ヲ管理スヘキ郡長ヲ指定スヘシ其ノ數府縣ニ渉ルモノアルトキハ内務大臣ハ關係府縣知事ノ具狀ニ依リ其ノ事件ヲ管理スヘキ郡

長ヲ指定スヘシ

第百五十三條　府縣知事又ハ府縣參事會ノ職權ニ屬スル事件ニシテ數府縣ニ渉ルモノアルトキハ内務大臣ハ關係府縣知事ノ具狀ニ依リ其ノ事件ヲ管理スヘキ府縣知事ハ府縣參事會ヲ指定スヘシ

島司ヲ置ク地ニ於テハ本法中郡長ニ關スル決定ハ島司ニ、郡ノ官吏ニ關スル規定ハ島廳ノ官吏ニ、郡ニ關スル規定ハ島廳管轄區域ニ關シ之ヲ適用ス

第百五十四條　第十一條ノ人口ハ内務大臣ノ定ムル所ニ依ル

第百五十五條　本法ニ於ケル直接税及間接税ノ種類ハ内務大臣及大藏大臣之ヲ定ム

第百五十六條　町村又ハ町村組合ノ廢置分合又ハ境界變更アリタル場合ニ於テ町村ノ事務ニ付必要ナル事項ハ本法ニ規定スルモノノ外勅令ヲ以テ之ヲ定ム

第百五十七條　本法ハ北海道其ノ他勅令ヲ以テ指定スル島嶼ニ之ヲ施行セス

前項ノ地域ニ付テハ勅令ヲ以テ別ニ本法ニ代ハルヘキ制ヲ定ムルコトヲ得

附　則

本法中公民權及選擧ニ關スル規定ハ次ノ總選擧ヨリ之ヲ施行シ其ノ他ノ規定ノ施行ノ期日勅令ヲ以テ之ヲ定ム

町村制終

市制町村制施行諸規則

朕市制及町村制施行期日ノ件ヲ裁可シ茲ニ之ヲ公布セシム

勅令第二百三十八號

市制及町村制ハ明治四十四年十月一日ヨリ之ヲ施行ス

朕市制第六條ノ市ノ規定ニ關スル件ヲ裁可シ茲ニ之ヲ公布セシム

勅令第二百三十九號

市制第六條ノ規定ニ依リ市ヲ指定スルコト左ノ如シ

東京市

京都市

大阪市

附則

本令ハ明治四十四年十月一日ヨリ之ヲ施行ス

朕市制第八十二條第三項ノ市ノ區ニ關スル件ヲ裁可シ茲ニ之ヲ公布セシム

勅令第二百四十號

第一條 市制第八十二條第三項ノ規定ニ依リ内務大臣ノ指定シタル市ノ區ニ關シテハ本令ノ定ムル所ニ依ル

第二條 新ニ區ヲ劃シ又ハ其ノ區域ヲ變更セムトスルトキハ市ハ内務大臣ノ許可ヲ受クヘシ

第三條　區ノ名稱ヲ變更シ又ハ區役所ノ位置ヲ定メ若ハ之ヲ變更セムトスルトキハ市ハ府縣知事ノ許可ヲ受クヘシ

第四條　區ヲ以テ選擧區ト爲シタル場合ニ於テハ市制第二十一條第二項第三項第七項第十項第十一項第二十三條第二項第四項第三十一條第二項及第三十二條第一項中市制第六條ノ市ノ區長及區役所ニ關スル規定ハ區長及區役所ニ之ヲ準用ス

附則

本令ハ明治四十四年十月一日ヨリ之ヲ施行ス

朕市税及町村税ノ賦課ニ關スル件ヲ裁可シ茲ニ之ヲ公布セシム

勅令第二百四十一號

第一條　市町村ノ内外ニ於テ營業所ヲ設ケ營業ヲ爲ス者ニシテ其ノ營業又ハ收入ニ對スル本税ヲ分別シテ納メサル者ニ對シ附加税ヲ賦課セムトスルトキハ市町村長ハ關係市長ノ區長ヲ含ム又ハ町村長北海道、沖繩縣戸長又ハ之ニ準スヘキモノヲ含ムト協議ノ上其ノ本税額ノ步合ヲ定ムヘシ

前項ノ協議調ハサルトキハ其ノ郡内ニ止マルモノハ郡長之ヲ定メ其ノ郡島ヲ含ム以下之ニ倣フ市又ハ數郡若ハ數市ニ渉ルモノハ府縣知事之ヲ定メ其ノ數府縣北海道ヲ含ム以下之ニ倣フニ渉ルモノハ内務大臣及大藏大臣之ヲ定ムヘシ

第一項ノ場合ニ於テ直接ニ收入ヲ生スルコトナキ營業所アルトキハ他ノ營業所ト收入ヲ共通スルモノト認メ前二項ノ規定ニ依リ本税額ノ步合ヲ定ムヘシ府縣ニ於テ數府縣ニ渉ル營業ニ對シ營業税附加税賦課ノ步合ヲ定メタルモノアルトキハ其步合ニ依ル本税額ヲ以テ其ノ府縣ニ於ケル本税額ト看做ス

第二條　鑛區（砂鑛區域ヲ含ム）カ市町村ノ内外ニ渉ル場合ニ於テ鑛區税（砂鑛區税ヲ含ム）ノ附加税ヲ賦課セムトスルトキハ鑛區ノ屬スル地表ノ面積ニ依リ其ノ本税額ヲ分割シ其ノ一部ニノミ賦課スヘシ

鑛區以下之ニ倣フ

市町村ノ内外ニ於テ鑛業ニ關スル事務所其ノ他ノ營業所ヲ設ケタル場合ニ於テ鑛產税ノ附加税ヲ賦課セムトスルトキハ前條ノ例ニ依ル鑛區カ營業所所在ノ市町村ノ内外ニ渉ル場合亦同シ

第三條　住所滯在市町村ノ内外ニ渉ル者ノ收入ニシテ土地家屋物件又ハ營業所ヲ設ケタル營業ヨリ生スル收入ニ非サルモノニ對シ市町村税ヲ賦課セムトスルトキハ其ノ收入ヲ平分シ其ノ一部ニノミ賦課スヘシ

前項ノ住所又ハ滯在其ノ時ヲ異ニシタルトキハ納税義務ノ發生シタル翌月ノ初ヨリ其ノ消滅シタル月ノ終迄月割ヲ以テ賦課スヘシ但シ賦課後納税義務者ノ住所又ハ滯在ニ異動ヲ生スルモ賦課額ハ之ヲ變更セス其ノ新ニ住所ヲ有シ又ハ滯在スル市町村ニ於テハ賦課ナキ部分ニノミ賦課スヘシ

附　則

本令ハ明治四十四年十月一日ヨリ之ヲ施行ス但シ明治四十四年度ノ課税ニ關シテハ從前ノ例ニ依ル

朕市税及町村税ノ徴收ニ關スル件ヲ裁可シ茲ニ之ヲ公布セシム

勅令第二百四十二號

市税及町村税徴收ニ關シテハ國税徴收法第四條ノ一及第四條ノ三乃至第四條ノ八ノ規定ヲ準用ス

附　則

本令ハ明治四十四年十月一日ヨリ之ヲ施行ス

朕市制町村制ノ施行ニ關スル件ヲ裁可シ茲ニ之ヲ公布セシム

勅令第二百四十三號

第一條　市制町村制施行前舊市制町村制ニ依リ爲シタル手續其ノ他ノ行爲ハ本令ニ別段ノ規定アル場合ヲ除クノ外之ヲ市制町村制ニ依リ爲シタルモノト看做ス

第二條　町村ノ境界ニ關スル爭論ニシテ郡參事會ニ於テ受理シタルモノハ之ヲ府縣參事會ニ於テ受理シタルモノト看做ス其ノ郡參事會ニ於テ爲シタル裁決ニ不服アル者ハ從前ノ規定ニ依ル訴願期間内ニ府縣參事會ノ裁定ヲ請フコトヲ得郡參事會ノ裁決ニ不服アルカ爲府縣參事會ニ爲シタル訴願ハ之ヲ其ノ裁定ヲ請ヒタルモノト看做ス

市町村ノ境界ニ關スル爭論ニ付府縣參事會ノ爲シタル裁決ハ之ヲ裁定ト看做ス

第三條　町村名譽職ノ當選ヲ辭シ又ハ其ノ職ヲ辭シ若ハ其ノ職務ヲ實際ニ執行セサルカ爲受ケタル町村公民權停止及町村費增課ノ處分ニ關スル訴願ニシテ郡參事會ニ於テ受理シタルモノハ之ヲ府縣參事會ニ於テ受理シタルモノト看做ス其ノ郡參事會ニ於テ爲シタル裁決ニ不服アル者ハ從前ノ規定ニ依ル訴願期間內ニ府縣參事會ニ訴願スルコトヲ得

市制町村制施行前市町村ニ於テ爲シタル市町村公民權停止及市町村費增課ノ處分ニ對スル訴願ノ期間ニ付テハ前項ノ規定ヲ準用ス

第四條　市町村營造物ニ關スル從前ノ市町村規則中市町村條例ヲ以テ規定スヘキ事項ニ關スル規定ハ市町村條例ト同一ノ效力ヲ有ス

第五條　市會議員ノ定數市制第十三條ノ議員ノ定數ニ滿タサルニ依リ其ノ不足ヲ補フカ爲選擧シタル議員ハ從前ノ規定ニ依ル最近ノ定期改選期ニ於テ其ノ職ヲ失フ

第六條　市町村會議員、區會議員又ハ全部事務ノ爲ニ設ケタル町村組合會議員ノ補闕又ハ增員ニ付從前ノ規定ニ依ル最近ノ定期改選期前ニ於テ其ノ選擧ヲ行ヒタルトキハ其ノ補闕議員又ハ增員議員ハ從前ノ規定ニ依ル最近ノ定期改選期ニ於テ其ノ職ヲ失フ當選ヲ辭シ又ハ選擧若ハ當選無效ト爲リタルカ爲選擧セヲレタル議員ニ付亦同シ

第七條　市制町村制施行前ノ選擧ニ關スル選擧人名簿又ハ選擧若ハ當選ノ效力ニ付

テハ從前ノ規定ニ依ル
選擧人名簿又ハ選擧若ハ當選ノ效力ニ關スル訴願ニシテ市制町村制施行前市町村長ニ於テ受理シタルモノ又ハ市町村會ニ付議シタルモノハ之ヲ市町村會ノ決定ニ付シタルモノト看做ス其ノ決定及市町村會ニ於テ爲シタル裁決ハ之ヲ異議ノ決定ト看做シ其ノ市制町村制施行前ニ爲シタル裁決ニ對スル訴願ハ從前ノ規定ニ依ル訴願期間内ニ之ヲ提起スヘシ
市制町村制施行前ニ於ケル選擧又ハ當選ノ效力ニ關スル異議ハ從前ノ規定ニ依ル訴願期間内ニ之ヲ申立ツヘシ
第二項ノ裁決ニ不服アル者ノ提起シタル訴願ニシテ郡參事會ニ於テ受理シタルモノハ之ヲ府縣參事會ニ於テ受理シタルモノト看做ス其ノ郡參事會ニ於テ爲シタル裁決ニ不服アル者ハ從前ノ規定ニ依ル訴願期間内ニ府縣參事會ニ訴願スルコトヲ得

第八條　市制町村制施行前家資分散若ハ破產ノ宣告ヲ受ケ又ハ禁錮以上ノ刑ニ當ルヘキ罪ノ爲公判ニ付セラレタル者ノ選擧權及被選擧權ノ有無ニ關シテハ前條ノ規定ヲ準用ス

第九條　選擧又ハ當選ノ效力ニ關スル府縣知事ノ異議ニシテ市制施行前府縣參事會ニ付議シタルモノハ之ヲ府縣參事會ノ決定ニ付シタルモノト看做シ其ノ府縣參事會ニ於テ爲シタル裁決ハ之ヲ決定ト看做ス

選擧又ハ當選ノ效力ニ關スル郡長ノ異議ニシテ町村制施行前郡參事會ニ付議シタルモノアルトキハ郡長ニ於テ直ニ府縣知事ノ指揮ヲ受ケ之ヲ處分スヘシ其ノ郡參事會ニ於テ爲シタル裁決ハ之ヲ郡長ノ處分ト看做シ之ニ對スル訴願ハ從前ノ規定ニ依ル訴願期間内ニ之ヲ提起スヘシ

第十條　市制施行ノ際現ニ市會議長及其ノ代理者タル者ノ任期ハ從前ノ規定ニ依ル

前項ノ議長代理者ハ之ヲ副議長ト看做ス

第十一條　從前ノ規定ニ依ル市町村助役ノ選擧及收入役ノ選任ニ付テハ市町村長ノ推薦ニ依リ市町村會ニ於テ定メタルモノト看做ス

第十二條　町村長ニ於テ町村會ノ議決其ノ權限ヲ超エ又ハ法令ニ背クト認メ裁決ノ申請ヲ爲シ郡參事會ニ於テ受理シタルモノハ之ヲ府縣參事會ニ於テ受理シタルモノト看做ス其ノ郡參事會ニ於テ爲シタル裁決ニ不服アル者ハ從前ノ規定ニ依ル訴願期間内ニ府縣參事會ニ訴願スルコトヲ得

町村長ニ於テ町村會ノ議決公衆ノ利益ヲ害スト認メ裁決ノ申請ヲ爲シ郡參事會ニ於テ受理シタルモノハ之ヲ郡長ニ於テ受理シタルモノト看做ス其ノ郡參事會ニ於テ爲シタル裁決ハ之ヲ郡長ノ處分ト看做シ之ニ對スル訴願ハ從前ノ規定ニ依ル訴願期間内ニ之ヲ提起スヘシ

前項ノ事件ニ付町村制施行前府縣參事會ノ爲シタル裁決ニ不服アル者ハ從前ノ規

定ニ依ル訴願期間内ニ内務大臣ニ訴願スルコトヲ得
市參事會ニ於テ市會ノ議決公衆ノ利益ヲ害スト認メ府縣參事會ニ爲シタル裁決ノ申請ハ之ヲ市長ノ申請ト看做ス市制施行前其ノ府縣參事會ニ於テ爲シタル裁決ニ不服アル者ニ付テハ前項ノ規定ヲ準用ス

第十三條　市制施行前市ノ有給吏員ノ給料若ハ退隱料又ハ名譽職員ノ實費辨償若ハ報酬ノ給與ニ關シ府縣參事會ニ於テ受理シタル異議ハ之ヲ訴願ト看做シ其ノ府縣參事會ニ於テ爲シタル異議ノ裁決ハ之ヲ訴願ノ裁決ト看做ス
町村ノ有給吏員ノ給料若ハ退隱料、名譽職員ノ實費辨償若ハ報酬又ハ町村長ノ書記料ノ給與ニ關スル異議ノ中立ニシテ郡參事會ニ於テ受理シタルモノハ之ヲ府縣參事會ニ於テ受理シタルモノト看做ス其ノ郡參事會ニ於テ爲シタル裁決ニ不服アル者ハ從前ノ規定ニ依ル訴願期間内ニ府縣參事會ニ訴願スルコトヲ得
町村長ノ書記料ノ給與ニ關スル異議訴願及訴訟ニ付テハ給料ニ關スル規定ヲ準用ス
市制町村制施行前前三項ノ給與ニ關シ爲シタル處分ニ對スル異議ノ申立期間ハ市制町村制施行ノ日ヨリ之ヲ起算ス

第十四條　從前ノ使用料、手數料及特別税ニシテ市町村條例ニ依ヲサルモノハ之ヲ市町村條例ヲ以テ規定シタルモノト看做ス
使用料、手數料及特別税ニ關シ從前市町村條例ニ規定シタル科料ハ之ヲ過料ト看

做ス但シ市制町村制施行前科料ノ處分ヲ受ケタル者ノ出訴ニ付テハ從前ノ規定ニ依ル

第十五條　市制町村制施行前市町村税ノ賦課又ハ市町村ノ營造物、市町村有財産若ハ其ノ所得ヲ使用スル權利ニ關シ市參事會又ハ町村長ニ申立テタル訴願ハ之ヲ市長又ハ町村長ニ爲シタル異議ノ申立ト看做シ其ノ爲シタル裁決ニ不服アル者ハ從前ノ規定ニ依ル訴願期間内ニ府縣參事會ニ訴願スルコトヲ得

前項ノ事件ニ關スル訴願ニシテ郡參事會ニ於テ受理シタルモノハ之ヲ府縣參事會ニ於テ受理シタルモノト看做シ其ノ郡參事會ニ於テ爲シタル裁決ニ不服アル者ハ從前ノ規定ニ依ル訴願期間内ニ府縣參事會ニ訴願スルコトヲ得

市制町村制施行前市町村ノ營造物、市町村有財産又ハ其ノ所得ヲ使用スル權利ニ付爲シタル處分ニ對スル異議ハ從前ノ規定ニ依ル訴願期間内ニ之ヲ申立ツヘシ

第十六條　手數料ノ徴收及市町村税ノ滯納處分ニ關スル訴願ニシテ郡長又ハ府縣知事ニ於テ受理シタルモノハ之ヲ府縣參事會ニ於テ受理シタルモノト看做ス其ノ内務大臣ノ受理シタルモノニ付テハ從前ノ規定ニ依ル

市制町村制施行前ノ手數料ノ徴收ニ付テハ從前ノ規定ニ依ル訴願期間内ニ市町村長ニ異議ノ申立ヲ爲スコトヲ得其ノ郡長ニ於テ爲シタル訴願ノ裁決ニ不服アル者ハ從前ノ規定ニ依ル訴願期間内ニ府縣參事會ニ訴願スルコトヲ得其ノ府縣知事ニ於テ爲シタル裁決ハ府縣參事會ニ於テ爲シタル裁決ト看做ス

市制町村制施行前ノ市町村稅ノ滯納處分又ハ町村稅ノ滯納處分ニ關スル郡長ノ裁決ニ不服アル者ニ付テハ前項ノ規定ヲ準用ス

第十七條　市町村ノ一部ニ屬スル財產又ハ營造物ニ關シ區會又ハ區總會ヲ設クルカ爲市町村條例ノ設定ニ付府縣參事會又ハ郡參事會ヨリ內務大臣ニ提出シタル申請ハ之ヲ府縣知事又ハ郡長ノ申請ト看做ス

第十八條　町村組合ヲ解カムトスルノ申請ニシテ郡長ニ於テ受理シタルモノハ之ヲ府縣知事ニ於テ受理シタルモノト看做ス

第十九條　舊市制第百十六條第一項ノ府縣參事會ノ處分又ハ裁決ニ不服アル者ハ從前ノ規定ニ依ル訴願期間內ニ內務大臣ニ訴願スルコトヲ得

舊町村制第百二十條第一項ノ郡參事會ノ處分又ハ裁決ニ對スル訴願ニシテ府縣參事會ニ於テ受理シタルモノハ府縣知事ニ於テ受理シタルモノト看做ス其ノ府縣參事會ニ於テ爲シタル裁決ニ不服アル者ニ付テハ前項ノ規定ヲ準用ス

前項郡參事會ノ處分又ハ裁決ハ郡長ニ於テ爲シタル處分ト看做シ之ニ不服アル者ハ從前ノ規定ニ依ル訴願期間內ニ府縣知事ニ訴願スルコトヲ得

舊市制第百十六條第一項又ハ舊町村制第百二十條第一項ノ郡長又ハ府縣知事ノ處分又ハ裁決ニ不服アルカ爲提起スル訴願ノ期間ニ付テハ從前ノ規定ニ依ル

舊市制第百十六條第五項又ハ舊町村制第百二十條第五項ノ執行ノ停止ニ付テハ從前ノ規定ニ依ル

第二十條　舊町村制第百二十二條ノ規定ニ依リ郡長ノ爲シタル處分ニ對スル訴願ニシテ府縣參事會ニ於テ受理シタルモノハ府縣知事ニ於テ受理シタルモノト看做シ府縣參事會ニ於テ爲シタル裁決ハ之ヲ府縣知事ノ裁決ト看做ス

前項郡長ノ處分ニ不服アル者ノ提起スル訴願ノ期間ニ付テハ從前ノ規定ニ依ル

第二十一條　市町村會ノ議決ニ付許可ヲ要スル事件中府縣參事會又ハ郡參事會ニ申請シタルモノニシテ府縣知事又ハ郡長ノ職權ト爲リタルモノハ之ヲ府縣知事又ハ郡長ニ申請シタルモノト看做ス

第二十二條　市制町村制施行前ニ爲シタル市町村吏員ノ解職ニ付テハ總テ從前ノ規定ニ依ル

第二十三條　第三條第七條第四項第十二條第一項第十三條第二項第十五條第一項若ハ第二項又ハ第十六條第二項若ハ第三項ノ規定ニ依リ府縣參事會ニ提起シタル訴願ハ之ヲ市制又ハ町村制ニ依リタルモノト看做ス

第二十四條　市制町村制施行前ノ處分決定裁定又ハ裁決ニ對スル行政訴訟ノ提起期間ハ從前ノ規定ニ依ル

附　則

本令ハ明治四十四年十月一日ヨリ之ヲ施行ス

内務省令第十三號

市制第六條ノ市ノ助役ノ定數左ノ通之ヲ定ム

東京市　三人　京都市　二人　大阪市　二人

附　則

本令ハ明治四十四年十月一日ヨリ之ヲ施行ス

内務省令第十四號

市制第八十二條第三項ノ規定ニ依リ市ヲ指定スルコト左ノ如シ

名古屋市

附　則

本令ハ明治四十四年十月一日ヨリ之ヲ施行ス

内務省令第十五號

市町村財務規程左ノ通定ム

市町村財務規程

第一條　市町村税其ノ他一切ノ收入ヲ歳入トシ一切ノ經費ヲ歳出トシ歳入歳出ハ豫算ニ編入スヘシ

第二條　各年度ニ於テ決定シタル歳入ヲ以テ他ノ年度ニ屬スヘキ歳入ニ充ツルコトヲ得ス

第三條　歳入ノ年度所屬ハ左ノ區分ニ依ル

一　市町村條例又ハ豫メ市町村會ノ議決ヲ以テ納期ヲ定メタル收入ハ其ノ納期末日ノ屬スル年度

二　定期ニ賦課スルコトヲ得サルカ爲特ニ納期ヲ定メタル收入又ハ隨時ノ收入ニシテ徵稅令書又ハ納額告知書ヲ發スルモノハ徵稅令書又ハ納額告知書ヲ發シタル日ノ屬スル年度

三　隨時ノ收入ニシテ納額告知書等ヲ發セサルモノハ領收ヲ爲シタル日ノ屬スル年度

第四條　歲出ノ所屬年度ハ左ノ區分ニ依ル

一　費用辨償、報酬、給料、旅費、退隱料、退職給與金、死亡給與金、遺族扶助料、其ノ他ノ給與、傭人料ノ類ハ其ノ支給スヘキ事實ノ生シタル時ノ屬スル年度但シ別ニ定マリタル支拂期日アルトキハ其ノ支拂期日ノ屬スル年度

二　通信運搬費、土木建築費其ノ他物件ノ購入代價ノ類ハ契約ヲ爲シタル時ノ屬スル年度但シ契約ニ依リ定メタル支拂期日アルトキハ其ノ支拂期日ノ屬スル年度

三　缺損補塡ハ其ノ補塡ヲ決定ヲ爲シタル日ノ屬スル年度

四　前各號ニ揭クルモノヲ除クノ外ハ總テ支拂命令ヲ發シタル日ノ屬スル年度

第五條　各年度ニ於テ歲計ニ剩餘アルトキハ翌年度ノ歲入ニ編入スヘシ但シ市町村條例ノ規定又ハ市町村會ノ議決ニ依リ剩餘金ノ全部又ハ一部ヲ基本財產ニ編入スル場合ニ於テハ繰越ヲ要セス之カ支出ヲ爲スコトヲ得

第六條　市町村稅ハ徵稅令書ニ依リ使用料、手數料及物件ノ貸貸料ハ納額告知書ニ

依リ之ヲ徴收ス
前項以外ノ收入ハ納付書ニ依リ收入ス
第七條　支出ハ債主ニ對スルニ非サレハ之ヲ爲スコトヲ得ス
第八條　左ノ經費ハ現金前渡ヲ爲スコトヲ得
一　市町村債ノ元利支拂
二　外國ニ於テ物品ヲ購入スル爲必要ナル經費
三　市町村外遠隔ノ地ニ於テ支拂ヲ必要トスル經費
前項ノ現金前渡ハ市町村吏員以外ノ者ニ之ヲ爲スコトヲ得
第九條　左ノ經費ハ概算拂ヲ爲スコトヲ得
一　旅費
二　訴訟費用
第十條　官報其ノ他前金支拂ニ非サレハ購入又ハ借入ノ契約ヲ爲シ難キモノニ限リ前金拂ヲ爲スコトヲ得
第十一條　前三條ニ揭クルモノノ外必要アルトキハ市町村ハ府縣知事ノ許可ヲ得テ現金前渡、概算拂又ハ前金拂ヲ爲スコトヲ得
第十二條　歲入ノ誤納過納ト爲リタル金額ノ拂戾ハ各之ヲ收入シタル歲入ヨリ支拂フヘシ
歲出ノ誤拂過渡ト爲リタル金額、現金前渡、前金拂、概算拂及繰替拂ノ返納ハ各

之ヲ支拂ヒタル經費ノ定額ニ戻入スヘシ

第十三條　出納閉鎖後ノ收入支出ハ之ヲ現年度ノ歳入歳出ト爲スヘシ前條ノ拂戻金、戻入金ノ出納閉鎖後ニ係ルモノ亦同シ

第十四條　繼續費ハ毎年度ノ支拂殘額ヲ繼續年度ノ終リ迄遞次繰越使用スルコトヲ得

第十五條　歳入歳出豫算ハ必要アルトキハ經常臨時ノ二部ニ別ツヘシ
歳入歳出豫算ハ之ヲ款項ニ區分スヘシ

第十六條　歳入歳出豫算ニハ豫算説明ヲ付スヘシ

第十七條　特別會計ニ屬スル歳入歳出ハ別ニ其ノ豫算ヲ調製スヘシ

第十八條　豫算ハ會計年度經過後ニ於テ更正又ハ追加ヲ爲スコトヲ得ス

第十九條　豫算ニ定メタル各款ノ金額ハ彼是流用スルコトヲ得ス豫算各項ノ金額ハ市町村會ノ議決ヲ經テ之ヲ流用スルコトヲ得

第二十條　決算ハ豫算ト同一ノ區分ニ依リ之ヲ調製シ豫算ニ對スル過不足ノ説明ヲ付スヘシ

第二十一條　會計年度經過後ニ至リ歳入ヲ以テ歳出ニ充ツルニ足ラサルトキハ第一次監督官廳ノ許可ヲ得テ翌年度ノ歳入ヲ繰上ケ之ヲ充用スルコトヲ得

第二十二條　市ハ其ノ歳入歳出ニ屬スル公金ノ受拂ニ付郵便振替貯金ノ法ニ依ルコトヲ得

第二十三條　市町村ハ現金ノ出納及保管ノ為市町村金庫ヲ置クコトヲ得
第二十四條　金庫事務ノ取扱ヲ為サシムヘキ銀行ハ市町村會之ヲ定ム
第二十五條　金庫ハ收入役ノ通知アルニ非サレハ現金ノ出納ヲ為スコトヲ得ス
第二十六條　金庫事務ノ取扱ヲ為ス者ハ現金ノ出納保管ニ付市町村ニ對シテ責任ヲ有ス
第二十七條　金庫事務ノ取扱ヲ為ス者ノ保管スル現金ハ市町村ノ歳入歳出ニ屬スルモノニ限リ支出ニ妨ケナキ限度ニ於テ市町村ハ其ノ運用ヲ許スコトヲ得
前項ノ場合ニ於テハ金庫事務ノ取扱ヲ為ス者ハ市町村ノ定ムル所ニ依リ利子ヲ市町村ニ納付スヘシ
第二十八條　市町村ハ金庫事務ノ取扱ヲ為ス者ヨリ擔保ヲ徵スヘシ其ノ種類、價格及程度ニ關シテハ第一次監督官廳ノ許可ヲ受クルコトヲ要ス
第二十九條　收入役ハ定期及臨時ニ金庫ノ現金帳簿ヲ檢査スヘシ
第三十條　本令ニ規定スルモノノ外市町村ハ府縣知事ノ許可ヲ得テ必要ナル規定ヲ設クルコトヲ得

附　則

本令ハ明治四十四年十月一日ヨリ之ヲ施行ス

內務省令第十六號

市町村吏員服務紀律左ノ通定ム

市町村吏員服務紀律

第一條 市町村吏員ハ忠實勤勉ヲ旨トシ法令ニ從ヒ其ノ職務ニ盡スヘシ

第二條 市町村吏員ハ職務ノ內外ヲ問ハス廉恥ヲ破リ其ノ他品位ヲ傷フノ所爲アルヘカラス

市町村吏員ハ職務ノ內外ヲ問ハス職權ヲ濫用セス懇切公平ナルコトヲ務ムヘシ

第三條 市町村吏員ハ總テ公務ニ關スル機密ヲ私ニ漏洩シ又ハ未發ノ事件若ハ文書ヲ私ニ漏示スルコトヲ得ス其ノ職ヲ退クノ後ニ於テモ亦同シ

裁判所ノ召喚ニ依リ證人又ハ鑑定人ト爲リ職務上ノ祕密ニ就キ訊問ヲ受クルトキハ指揮監督者ノ許可ヲ得タル件ニ限リ供述スルコトヲ得事實參考ノ爲訊問ヲ受ケタル者ニ付テモ亦同シ

前項ノ場合ニ於テ市町村吏員ノ掌ル國府縣其ノ他公共團體ノ事務ニ付テハ國府縣其ノ他公共團體ノ代表者ノ許可又ハ承認ヲ得ルコトヲ要ス

第四條 市町村吏員ハ其ノ職務ニ關シ直接ト間接トヲ問ハス自己若ハ其ノ他ノ者ノ爲ニ贈與其ノ他ノ利益ヲ供給セシムルノ約束ヲ爲スコトヲ得ス

市町村吏員ハ指揮監督者ノ許可ヲ受クルニ非サレハ其ノ職務ニ關シ直接ト間接トヲ問ハス自己若ハ其ノ他ノ者ノ爲ニ贈與其ノ他ノ利益ヲ受クルコトヲ得ス

第五條 左ニ掲クル者ト直接ニ關係ノ職務ニ在ル市町村吏員ハ其ノ者又ハ其ノ者ノ爲ニスル者ノ饗讌ヲ受クルコトヲ得ス

一　市町村ニ對シ工事ノ請負又ハ物件勞力供給ノ契約ヲ爲ス者
二　市町村ニ屬スル金錢ノ出納保管ヲ擔任スル者
三　市町村ヨリ補助金又ハ利益ノ保證ヲ受クル起業者
四　市町村ト土地物件ノ賣買贈與貸借又ハ交換ノ契約ヲ爲ス者
五　其ノ他市町村ヨリ現ニ利益ヲ得又ハ得ムトスル者

附　則

本令ハ明治四十四年十月一日ヨリ之ヲ施行ス

内務省令第十七號

市町村吏員事務引繼ニ關スル件左ノ通定ム

市町村吏員事務引繼ニ關スル件

第一條　市町村長更迭ノ場合ニ於テハ前任者ハ退職ノ日ヨリ十日以内ニ其ノ擔任スル事務ヲ後任者ニ引繼クヘシ後任者ニ引繼クコトヲ得サル事情アルトキハ助役ニ引繼クヘシ此ノ場合ニ於テハ助役ハ後任者ニ引繼クコトヲ得ルニ至リタルトキハ直ニ後任者ニ引繼クヘシ

前項引繼ノ場合ニハ書類帳簿及財産ノ目錄ヲ調製シ處分未濟若ハ未着手又ハ將來企畫スヘキ見込ノ事項ニ付テハ其ノ順序方法及意見ヲ記載スルコトヲ要ス

第一項ノ期間内ニ引繼ヲ了スルコトヲ得サルトキハ其ノ事由ヲ具シ第一次監督官廳ノ許可ヲ受クヘシ

第二條　助役退職ノ場合ニ於テ其ノ分掌事務アルトキハ之ヲ市町村長ニ引繼クヘシ

前條ノ規定ハ此ノ場合ニ之ヲ準用ス

第三條　收入收更迭ノ場合ニ於テハ責任者ハ退職ノ日ヨリ十日以内ニ其ノ擔任スル事務ヲ後任者ニ引繼クヘシ後任者ニ引繼クコトヲ得サル事情アルトキハ副收入役又ハ收入役代理者ニ引繼クヘシ此ノ場合ニ於テハ副收入役又ハ收入役代理者ハ後任者ニ引繼クコトヲ得ルニ至リタルトキハ直ニ後任者ニ引繼クヘシ

前項引繼ノ場合ニハ現金書類帳簿其ノ他ノ物件ニ付テハ各目錄ヲ調製シ仍現金ニ付テハ各帳簿ニ對照シタル明細書ヲ添付シ帳簿ニ付テハ事務引繼ノ日ニ於テ最終記帳ノ次ニ合計高及年月日ヲ記入シ且引繼ヲ爲ス者及引繼ヲ受クル者連署スヘシ

第四條　副收入役退職ノ場合ニ於テ其ノ分掌事務アルトキハ之ヲ收入役ニ引繼クヘシ前條ノ規定ハ此ノ場合ニ之ヲ準用ス

第五條　第一條、第三條又ハ前條ノ規定ハ市制第六條又ハ第八十二條第三項ノ市ノ區長若ハ區收入役ノ更迭又ハ分掌事務アル區副收入役ノ退職ノ場合ニ第二條ノ規定ハ分掌事務アル町村區長ノ退職ノ場合ニ之ヲ準用ス

第六條　市町村ノ廢置分合ニ依リ新ニ市町村ヲ置キタル場合ニ於テハ前市町村ノ吏員ノ擔任スル事務ハ之ヲ市町村長、收入役又ハ市町村長ノ臨時代理者若ハ職務管掌ノ官吏ニ引繼クヘシ第一條乃至第四條ノ規定ハ此ノ場合ニ之ヲ準用ス市町村ノ境界變更アリタルトキ亦同シ

第七條　前六條ノ場合ニ於テ引繼ヲ拒ミタル者ニ對シテハ市ニ在リテハ府縣知事町村ニ在リテハ郡長ハ二十五圓以下ノ過料ヲ科スルコトヲ得其ノ故ナク引繼ヲ遷延シタルカ爲市町村長ニ於テ期日ヲ指定シテ催告ヲ爲シ仍之ニ應セサル者ニ付亦同シ

第八條　本令ニ規定スルモノノ外必要ナル事項ハ府縣知事之ヲ定ム

附　則

本令ハ明治四十四年十月一日ヨリ之ヲ施行ス

朕市制第六條ノ市ノ區ニ關スル件ヲ裁可シ茲ニ之ヲ公布セシム

勅令第二百四十四號

第一條　市制第六條ノ市ノ區ニ關シテハ本令ノ定ムル所ニ依ル

第二條　府縣知事ハ市會ノ意見ヲ徵シ府縣參事會ノ議決ヲ經テ市條例ヲ設定シ新ニ區會ヲ設クルコトヲ得

第三條　區內ニ住所ヲ有スル市公民ニシテ其ノ區ニ於テ直接市稅ヲ納ムル者ハ總テ選擧權ヲ有ス但シ公民權停止中ノ者又ハ市制第十一條第三項ノ場合ニ當ル者ハ此ノ限ニ在ラス

帝國臣民ニシテ區ニ於テ直接市稅ヲ納ムル者其ノ額市公民ノ其ノ區ニ於テ最多ク納稅スル者三人中ノ一人ヨリモ多キトキハ前項ノ要件ニ當ラスト雖選擧權ヲ有ス但シ六年ノ懲役又ハ禁錮以上ノ刑ニ處セラレタル者及市制第十一條第二項ノ公民

權停止ノ條件又ハ同條第三項ノ場合ニ當ル者ハ此ノ限ニ在ラス
法人ニ關シテモ亦前項ノ例ニ依ル
前二項ノ直接市稅ノ納額ハ選擧人名簿調製期日ノ屬スル會計年度ノ前年度ノ賦課額ニ依ルヘシ
第四條　選擧人ハ分チテ三級トス
選擧人中區ニ於テ納ムル直接市稅額最多キ者ヲ合セテ選擧人全員ノ其ノ區ニ於テ納ムル總額ノ三分ノ一ニ當ルヘキ者ヲ一級トス但シ一級選擧人ノ數議員定數ノ三分ノ一ヨリ少キトキハ納額最多キ者議員定數ノ三分ノ一ト同數ヲ以テ一級トス
一級選擧人ヲ除クノ外其ノ區ニ於テ納ムル直接市稅額最多キ者ヲ合セテ選擧人全員ノ其ノ區ニ於テ納ムル直接市稅ノ總額中一級選擧人ノ納ムル額ヲ除キ其ノ殘額ノ半ニ當ルヘキ者ヲ二級トシ其ノ他ノ選擧人ヲ三級トス但シ二級選擧人ノ場合ニハ前項但書ノ規定ヲ準用ス
各級ノ間納稅額兩級ニ跨ル者アルトキハ上級ニ入ルヘシ兩級ノ間ニ同額ノ納稅者二人以上アルトキハ其ノ區內ニ住所ヲ有スル年數ノ多キ者ヲ以テ上級ニ入ル住所ヲ有スル年數同シキトキハ年長者ヲ以テシ年齡ニ依リ難キトキハ區長抽籤シテ之ヲ定ムヘシ
選擧人ハ每級各別ニ議員定數ノ三分ノ一ヲ選擧ス
被選擧人ハ各級ニ通シテ選擧セラルルコトヲ得

第二項乃至第四項ノ直接市税ノ納額ニ關シテハ前條第四項ノ規定ヲ適用ス

第五條　第三條第一項ノ規定ニ依リ選擧權ヲ有スル市公民ハ被選擧權ヲ有ス

左ニ掲クル者ハ被選擧權ヲ有セス其ノ之ヲ罷メタル後一月ヲ經過セサル者亦同シ

一　所屬府縣ノ官吏及有給吏員

二　其ノ市ノ有給吏員但シ他ノ區所屬ノ市有給吏員ハ此ノ限ニ在ラス

三　檢事警察官吏及收稅官吏

四　神官神職僧侶其ノ他諸宗教師

五　小學校敎員

市又ハ區ニ對シ請負ヲ爲ス者及其ノ支配人又ハ主トシテ同一ノ行爲ヲ爲ス法人ノ無限責任社員重役及支配人ハ其ノ區ニ於テ被選擧權ヲ有セス

父子兄弟タル緣故アル者ハ同時ニ區會議員ノ職ニ在ルコトヲ得ス其ノ同時ニ選擧セラレタルトキハ同級ニ在リテハ得票ノ數ニ依リ其ノ多キ者一人ヲ當選者トシ同數ナルトキ又ハ等級ヲ異ニシテ選擧セラレタルトキハ年長者ヲ當選者トス其ノ時ヲ異ニシテ選擧セラレタルトキハ後ニ選擧セラレタル者議員タルコトヲ得ス

議員ト爲リタル後前項ノ緣故ヲ生シタル場合ニ於テハ年少者其ノ職ヲ失フ

區長ト父子兄弟タル緣故アル者ハ區會議員ノ職ニ在ルコトヲ得ス

第六條　區會議員ハ市ノ名譽職トス

議員ノ任期ハ四年トシ總選擧ノ第一日ヨリ之ヲ起算ス

議員ノ定數ニ異動ヲ生シタル爲解任ヲ要スル者アルトキハ毎級各別ニ區長抽籤シテ之ヲ定ム但シ解任ヲ要スル等級ニ闕員アルトキハ其ノ闕員ヲ以テ之ニ充ツヘシ

議員ノ定數ニ異動ヲ生シタル爲新ニ選擧セラレタル議員ハ總選擧ニ依リ選擧セラレタル議員ノ任期滿了ノ日迄在任ス

第七條　第三條第二項又ハ第三項ノ規定ニ依リ選擧權ヲ有スル者ハ代人ヲ出シテ選擧ヲ行フコトヲ得但シ年齢二十五年以上ノ男子ニ非サル者、禁治産者及準禁治産者ハ必ス代人ヲ以テスヘシ

代人ハ帝國臣民ニシテ年齢二十五年以上ノ男子ニ限ル

市制第九條第一項但書ニ當ル者、同第十條第二項ノ規定ニ依ル公民權停止中ノ者及同第十一條第二項ノ公民權停止ノ條件又ハ同條第三項ノ場合ニ當ル者ハ代人タルコトヲ得ス又一人ニシテ數人ノ代理ヲ爲スコトヲ得ス

代人ハ委任狀其ノ他代理ヲ證スル書面ヲ選擧長又ハ分會長ニ示スヘシ

第八條　選擧ヲ終リタルトキハ區長ハ直ニ選擧錄ノ謄本ヲ添ヘ市長ヲ經テ之ヲ府縣知事ニ報告スヘシ

市制第三十二條第二項ノ期間ヲ經過シタルトキ、同條第三項若ハ第五項ノ申立アリタルトキ又ハ同條第三項ノ規定ニ依リ抽籤ヲ爲シタルトキハ區長ハ直ニ當選者ノ住所氏名ヲ告示シ併セテ市長ヲ經テ之ヲ府縣知事ニ報告スヘシ

第九條　區會ノ組織及區會議員ノ選擧ニ關シテハ前數條ニ定ムルモノノ外市制第十三條第十七條第二十條乃至第二十六條第二十八條乃至第三十三條第三十五條乃至第三十九條ノ規定ヲ準用ス但シ區會議員ノ定數ニ付テハ市ハ區會ノ意見ヲ徵シ市條例ヲ以テ特ニ之ヲ增減スルコトヲ得

第十條　區會ノ職務權限ニ關シテハ市會ノ職務權限ニ關スル規定ヲ準用ス
區長ト區會トノ關係ニ付テハ市長ト市會トノ關係ニ關スル規定及市制第九十二條ノ規定ヲ準用ス

第十一條　區會ヲ設ケサル區ニ於テハ區會ノ職務ハ市會之ヲ行フ

第十二條　市ハ區會ノ意見ヲ徵シ區ノ營造物ニ關シ市條例又ハ市規則ヲ設クルコトヲ得
市制第百二十九條ノ規定ハ前項ノ場合ニ之ヲ準用ス
區ハ前二項ノ市條例ノ定ムル所ニ依リ區ノ營造物ノ使用ニ付使用料ヲ徵收シ又ハ過料ヲ科スルコトヲ得

第十三條　區ハ其ノ財產及營造物ニ關シ必要ナル費用ヲ支辨スル義務ヲ負フ
前項ノ支出ハ區ノ財產ヨリ生スル收入、使用料其ノ他法令ニ依リ區ニ屬スル收入ヲ以テ之ニ充テ仍不足アルトキハ市ハ其ノ區ニ於テ特ニ賦課徵收スル市稅ヲ以テ之ニ充ツヘシ
前項ノ市稅ニ付市會ノ議決スヘキ事項ハ區會之ヲ議決ス但シ市ノ定メタル制限ヲ

超ユルコトヲ得ス
市制第九十八條第四項ノ規定ニ依リ市ノ負擔スル費用ニ付テハ前二項ノ規定ヲ準用ス
第十四條　前數條ニ定ムルモノノ外區ニ關シテハ市制第百十四條第百十五條第百三十條第二項乃至第六項第百三十一條及第百三十三條乃至第百四十三條ノ規定ヲ準用ス但シ第百三十條第三項ノ市參事會ハ區會、第百四十一條第二項ノ名譽職參事會員ハ區會議員トス
前項ノ規定ニ依リ市制第百三十一條第一項ヲ準用スル場合ニ於テハ市ハ區會ノ意見ヲ徵シ市條例ヲ定メ區ヲシテ手數料ヲ徵收セシムルコトヲ得
第十五條　區ノ監督ニ付テハ市ノ監督ニ關スル規定ヲ準用ス
附　則
本令ハ明治四十四年十月一日ヨリ之ヲ施行ス
朕市町村吏員ノ賠償責任並身元保證ニ關スル件ヲ裁可シ玆ニ之ヲ公布セシム
勅令第二百四十五號
第一條　市町村吏員其ノ管掌ニ屬スル現金、證券其ノ他ノ財產ヲ亡失又ハ毀損シタルトキハ市町村ハ期間ヲ指定シ其ノ損害ヲ賠償セシムヘシ但シ避クヘカラサル事故ニ原因シタルトキ又ハ他ノ者ノ使用ニ供シタル場合ニ於テ合規ノ監督ヲ怠ラサリシトキハ市町村ハ其ノ賠償ノ責任ヲ免除スヘシ

第二條　收入役、副收入役若ハ收入役代理者又ハ收入役ノ事務ヲ兼掌スル町村長若ハ助役ハ市制第百三十九條第二項町村制第百十九條第二項ノ規定ニ違反シテ支出ヲ爲シタルトキハ市町村ハ期間ヲ指定シ之ニ因リテ生シタル損害ヲ賠償セシムヘシ區收入役、區副收入役又ハ區收入役代理者ニ付亦同シ

第三條　市町村吏員其ノ執務上必要ナル物品ノ交付ヲ受ケ故意又ハ怠慢ニ因リ之ヲ亡失又ハ毀損シタルトキハ市町村ハ期間ヲ指定シ其ノ損害ヲ賠償セシムヘシ

第四條　前三條ノ處分ヲ受ケタル者其ノ處分ニ不服アルトキハ府縣參事會ニ訴願シ其ノ裁決ニ不服アルトキハ行政裁判所ニ出訴スルコトヲ得

前項ノ裁決ニ付テハ府縣知事又ハ市町村ヨリ訴訟ヲ提起スルコトヲ得

前二項ノ訴願及訴訟ノ提起期間ハ市制第百六十條町村制第百四十條ノ例ニ依ル

第五條　賠償金ノ徵收ニ關シテハ市制第百三十一條町村制第百十一條ノ例ニ依ル

第六條　市町村吏員ニ對シ身元保證ヲ徵スルノ必要アリト認メタルトキハ市町村ハ第一次監督官廳ノ許可ヲ得テ其ノ種類、價格、程度其ノ他必要ナル事項ヲ定ムヘシ

第七條　本令中市町村ニ關スル規定ハ市制第六條ノ市ノ區竝市制第百四十四條ノ市ノ一部及町村制第百二十四條ノ町村ノ一部ニ之ヲ準用ス

附　則

本令ハ明治四十四年十月一日ヨリ之ヲ施行ス

市制町村制施行前市町村吏員ノ賠償責任ニ付府縣參事會又ハ郡參事會ノ爲シタル裁決ニ關シテハ從前ノ例ニ依ル

市制町村制施行諸規則 終

改正市町村制ニ依ル選擧人名簿及選擧錄

（大正十年四月十二日內務省訓令第七號）

府縣

大正十年法律第五十八號市制中改正法律及同年法律第五十九號町村制中改正法律ニ依ル市町村會議員選擧人名簿及選擧錄ハ左ノ書式ニ依リ調製セシムヘシ

第一　市會議員選擧人名簿書式

番號	大正　年度 直接市稅賦課額	住所	出生年月日	氏名
	万千百十円十銭厘	番地	年月日	

二

番號	大正　年度 直接市稅賦課額	住所	出生年月日	氏名

万千百十円十銭厘		
番地		
年月日		

備考

一 一級選擧人ト二級選擧人トハ區別シテ記載スヘシ

二 直接市税賦課額ハ選擧人名簿調製ノ期日ノ屬スル會計年度ノ前年度ノ分ヲ記載ス

三 住所ハ大字名(又ハ市内ノ町名)番地ヲ記載ス

四 市制第九條第二項ノ規定ニ依ル者ニ付テハ氏名欄ニ『特免』ト記載ス又市制第七十六條、第七十九條第二項ノ規定ニ依リ公民タル者ニ付テハ末尾ニ其ノ職氏名ノミヲ記載ス

五 選擧人ノ總數、直接市税ノ賦課總額及其ノ平均額並各級ニ屬スル選擧人員ハ之ヲ末尾ニ附記ス

六　選擧人名簿ヲ調製シタルトキハ其ノ末尾ニ左ノ如ク記載ス
本名簿ハ大正　年　月　日ノ現在ニ依リ之ヲ調製シタリ
某市長　氏　名印

七　選擧人名簿ヲ縱覽ニ供シタルトキハ其ノ末尾ニ左ノ如ク記載ス
本名簿ハ大正　年　月　日ヨリ七日間市役所（又ハ何ノ場所）ニ於テ之ヲ關係者ノ縱覽ニ供シタリ
某市長　氏　名印

八　選擧人名簿ヲ修正シタルトキハ其ノ年月日及事由ヲ欄外ニ記載シ市長檢印ス

九　選擧人名簿ノ確定シタルトキハ其ノ末尾ニ左ノ如ク記載ス
本名簿ハ大正　年　月　日ヲ以テ確定シタリ
某市長　氏　名印

十　選擧ヲ終リタル後ニ於テ次ノ選擧ノ爲確定名簿ヲ修正シタルトキハ『八』ノ取扱ヲ爲スノ外名簿ノ末尾ニ左ノ如ク記載ス
本名簿ハ大正　年　月　日迄ニ修正シタリ

某市長　氏　名印

十一　選擧區アルトキハ前各項ニ準シ各選擧區每ニ名簿ヲ調製シ選擧分會ヲ設ケタルトキハ別ニ分會ノ區劃每ニ名簿ノ抄本ヲ調製ス

第二　市會議員選擧選擧會錄書式

某市會議員何級總選擧（補闕增員又ハ市制第三十三條若ハ第三十七條ノ選擧）會選擧錄

一　某市會議員何級總選擧（補闕增員又ハ市制第三十三條若ハ第三十七條ノ選擧）ニ付議員若干人選擧ノ爲本市役所（又ハ何ノ場所）ニ選擧會場ヲ設ケタリ

二　左ノ選擧立會人ハ孰レモ投票時刻迄ニ選擧會場ニ參會シタリ

氏　名
氏　名
氏　名
氏　名

投票時刻ニ至リ選擧立會人中何人參會セサルニ依リ市長ハ臨時ニ選擧人中ヨリ

左ノ者ヲ選擧立會人ニ選任シタリ

氏　名

三　選擧會ハ大正何年何月何日午前（午後）何時ニ之ヲ開キタリ

四　選擧長ハ選擧立會人ト共ニ投票ニ先チ選擧會場ニ參集シタル選擧人ノ面前ニ於ケ投票函ヲ開キ其ノ空虚ナルコトヲ示シタル後蓋ヲ鎖シ選擧長及選擧立會人ノ列席スル面前ニ置キタリ

五　確定名簿ニ登錄セラレタル何級選擧人ノ數ハ其ノ選擧スヘキ議員數ノ三倍ヨリ少キヲ以テ連名投票ノ法ヲ用井タリ

六　選擧長及選擧立會人ノ面前ニ於テ選擧人ヲシテ逐次其ノ氏名ヲ自唱セシメ選擧人名簿ニ對照シタル後投票用紙ヲ交付シタリ

七　選擧立會人中氏名ハ一旦參會シタルモ午前（午後）何時何々ノ事故ヲ以テ其ノ職ヲ辭シタル爲其ノ定數ヲ闕キタルニ依リ市長ハ臨時ニ選擧人中ヨリ午前（午後）何時左ノ者ヲ選擧立會人ニ選任シタリ

氏　名

選擧立會人中氏名ハ一旦參會シヽタルモ午前(午後)何時何々ノ事故ヲ以テ其ノ職ヲ辭シタルモ尚選擧立會人ハ二人(又ハ三人)在リ而モ市長ニ於テ其ノ闕員ヲ補フノ必要ナキニ至レルヲ認メ特ニ其ノ補闕ヲ爲サヽル旨ヲ宣言シタリ

八　左ノ選擧人ハ選擧人名簿ニ登錄ナキモ之ニ登錄セラルヘキ確定裁決書(又ハ判決書)ヲ所持シタルニ依リ之ヲシテ投票セシメタリ

氏　　名

九　左ノ選擧人ハ誤テ投票用紙ヲ汚損シタル旨ヲ以テ更ニ之ヲ請求シタルニ依リ其ノ相違ナキヲ認メ之ト引換ニ投票用紙ヲ交付シタリ

氏　　名

十　左ノ選擧人ハ選擧會場ニ於テ演說討論ヲ爲シ(喧擾ニ渉リ)(投票ニ關シ協議若ハ勸誘ヲ爲シ)(何々ニ因リ)選擧會場ノ秩序ヲ紊シタルニ依リ選擧長ニ於テ之ヲ制止シタルモ其ノ命ニ從ハサルヲ以テ投票用紙ヲ取上ケ之ヲ選擧會場外ニ退出セシメタリ

氏　　名

十一　選擧長ハ午前（午後）何時選擧會場ノ秩序ヲ紊スノ虞ナシト認メ（又ハ選擧會場ノ入口ヲ閉鎖スルニ先チ）選擧會場外ニ退出ヲ命シタル選擧人ニ對シ入場ヲ許シタルニ左ノ選擧人入場シタルヲ以テ投票セシメタリ

氏　　名

十二　午前（午後）何時ニ至リ選擧長ハ投票時間ヲ終リタル由ヲ告ケ選擧會場ノ入口ヲ閉鎖シタリ

十三　午前（午後）何時選擧會場ニ在ル選擧人ノ投票結了シタルヲ以テ選擧長ハ選擧立會人ト共ニ投票函ノ投票口ヲ鎖シタリ

十四　各選擧分會ヨリ投票函等左ノ如ク到著セリ

第一（又ハ何）選擧分會ノ投票函ハ分會長職氏名及選擧立會人氏名携帶シ午前（午後）何時著之ヲ檢スルニ異狀ナシ

第二（又ハ何選）擧分會長ノ投票函ハ何々

十五　選擧長ハ選擧立會人立會ノ上投票函ヲ開キ（本會及各選擧分會ノ投票函開キ投票ヲ混同シ）其ノ投票ヲ點檢スルニ左ノ如シ

投票總數　何票
有効投票　何票
無効投票　何票
　内
一　成規ノ用紙ヲ用ヰサルモノ　何票
二
三
四
五
六
七
連名投票ニ付テハ市制第二十八條第二項ノ規定ニ依リ其ノ無効又ハ投票中無効ト爲シタル部分ノ事由及其ノ數ヲ區分シ記載スヘシ
十六　有効投票ノ内得票者ノ氏名及其ノ得票數左ノ如シ

何票　氏名

何票　氏名

十七　何級ニ於テ選擧スヘキ議員數何人ヲ以テ選擧人名簿ニ記載セラレタル何級ノ人員數何人ヲ除シテ得タル數ハ何人ニシテ此ノ七分ノ一ノ數ハ何票ナリ得票者中此ノ數ニ達スルモノヲ擧クレハ左ノ如シ

何票　氏名

何票　氏名

右ノ内有効投票ノ最多數ヲ得タル左ノ何人ヲ以テ當選者トス

氏名

氏名

但氏名及氏名ハ得票ノ數同シキニ依リ其ノ出生年月日ヲ調査スルニ氏名ハ何年何月何日生、氏名ハ何年何月何日生ニシテ氏名年長者ナルヲ以テ則チ氏名ヲ以テ當選ト定メタリ（同年月日ナルヲ以テ選擧長ニ於テ抽籤シタルニ氏名當選セリ依テ當選者ト定メタリ）

十八　選擧長ハ投票ノ有効無効ヲ區別シ各別ニ之ヲ括束シ更ニ之ヲ封筒ニ入レ選

學立會人ト共ニ之ヲ封印シタリ

十九　左ノ者ハ選擧會場ノ事務ニ從事シタリ

職　氏　名

職　氏　名

二十　選擧會場ニ臨監シタル官吏左ノ如シ

官職　氏　名

二十一　午前（午後）何時選擧事務ヲ了シ選擧會ヲ閉チタリ

選擧長ハ此ノ選擧錄ヲ作リ之ヲ朗讀シタル上選擧立會人ト共ニ茲ニ署名ス

大正何年何月何日

選　擧　長

某市長　氏　名

選擧立會人

氏　名

氏　名

備考

一　選擧録ハ各級毎ニ之ヲ調製スヘシ

二　選擧區アルトキ又ハ選擧分會ヲ設クルトキハ此ノ書式ニ準スヘシ但分會ノ選擧ニ在リテハ投票函ノ儘本會ニ送致スヘキヲ以テ開票ニ關スル事項ハ固ヨリ之ヲ記載スヘキニ非ス

三　書式ニ掲クル事項ノ外選擧長ニ於テ選擧ニ關シ緊要ト認ムル事項アルトキハ之ヲ記載スヘシ

第三　町村會議員選擧人名簿書式

番號	住所	出生年月日	氏名
	番地	年　月　日	

二

番號	住所	出生年月日	氏名
	番地	年月日	

備考

一　選擧人總數ハ之ヲ名簿ノ末尾ニ附記ス

二　前號ノ外ハ市會議員選擧人名簿書式備考第三號、第四號及第六號乃至第十一號ノ例ニ依ル

三　町村會議員ノ選擧ニ付等級ヲ設ケタルトキハ市會議員選擧人名簿書式ノ例ニ依ル

第四　町村會議員選擧會選擧錄書式

市會議員選擧會選擧法書式ノ例ニ依リ之ヲ調製ス

府縣制目次

府縣制

府縣制目次終

○府縣制（明治三十二年三月十六日法律第六十四號）改正

朕帝國議會ノ協贊ヲ經タル府縣制改正法律ヲ裁可シ茲ニ之ヲ公布セシム

府縣制

第一章　總則

第一條　府縣ハ從來ノ區域ニ依リ郡市及島嶼ヲ包括ス

第二條　府縣ハ法人トシ官ノ監督ヲ承ケ法律命令ノ範圍內ニ於テ其ノ公共事務並從來法律命令又ハ慣例ニ依リ及將來法律勅令ニ依リ府縣ニ屬スル事務ヲ處理ス

第三條　府縣ノ廢置分合又ハ境界變更ヲ要スルトキハ法律ヲ以テ之ヲ定ム

府縣ノ境界ニ涉リテ郡市町村境界ノ變更アリタルトキハ府縣ノ境界モ亦自ラ變更ス所屬未定地ヲ市町村ノ區域ニ編入シタルトキ亦同シ

本條ノ處分ニ付財產處分ヲ要スルトキハ內務大臣ハ關係アル府縣郡市參事會及町村會ノ意見ヲ徵シテ之ヲ定ム但シ特ニ法律ノ規定アルモノハ此ノ限ニ在ラス

第二章　府縣會

第一款　組織及選舉

第四條　府縣會議員ハ各選舉區ニ於テ之ヲ選舉ス

選舉區ハ郡市ノ區域ニ依ル但シ東京市京都市大阪市其ノ他勅令ヲ以テ指定シタル市ニ於テハ區ノ區域ニ依ル

第五條　府縣會議員ハ府縣ノ人口七十萬未滿ハ議員三十人ヲ以テ定員トシ七十萬以上百萬未滿ハ五萬ヲ加フル每ニ一人ヲ增シ二百萬以上ハ七萬ヲ加フル每ニ一人ヲ增ス

各選擧區ニ於テ選擧スヘキ府縣會議員ノ數ハ府縣會ノ議決ヲ經テ府縣知事之ヲ定ム

議員ノ配當ニ關シ必要ナル事項ハ內務大臣之ヲ定ム

議員ノ定數ハ總選擧ヲ行フ場合ニ非サレハ之ヲ增減セス（改正）

第六條　府縣內ノ市町村公民ニシテ市町村會議員ノ選擧權ヲ有シ且其ノ府縣內ニ於テ一年以來直接國稅年額三圓以上ヲ納ムル者ハ府縣會議員ノ選擧權ヲ有ス

府縣內ノ市町村公民ニシテ市町村會議員ノ選擧權ヲ有シ且其ノ府縣內ニ於テ一年以來直接國稅年額十圓以上ヲ納ムル者ハ府縣會議員ノ被選擧權ヲ有ス

家督相續ニ依リ財產ヲ取得シタル者ハ其ノ財產ニ付被相續人ノ爲シタル納稅ヲ以テ其ノ者ノ納稅シタルモノト看做ス

府縣會議員ハ住所ヲ移シタル爲市町村ノ公民權ヲ失フコトアルモ其ノ住所同府縣內ニ在ルトキハ之カ爲其ノ職ヲ失フコトナシ

府縣會議員ノ選擧權及被選擧權ノ要件中其ノ年限ニ關スルモノハ府縣郡市町村ノ廢置分合若ハ境界變更ノ爲中斷セラルルコトナシ

左ニ揭クル者ハ府縣會議員ノ被選擧權ヲ有セス其ノ之ヲ罷メタル後一箇月ヲ經過

セサル者亦同シ
一　其ノ府縣ノ官吏及有給吏員
二　檢事警察官吏及收稅官吏
三　神官神職僧侶其ノ他諸宗敎師
四　小學校敎員
前項ノ外ノ官吏ニシテ當選シ之レニ應セントスルトキハ所屬長官ノ許可ヲ受クヘシ
府縣ニ對シ請負ヲ爲ス者及其ノ支配人又ハ主トシテ同一ノ行爲ヲ爲ス法人ノ無限責任社員重役及支配人ハ其ノ府縣ニ於テ被選擧權ヲ有セス
府縣會議員ハ衆議院議員ト相兼ヌルコトヲ得ス（改正）
第七條　府縣會議員ハ名譽職トス
議員ノ任期ハ四年トシ總選擧ノ日ヨリ之ヲ起算ス（改正）
第八條　府縣會議員中闕員アルトキハ三箇月以內ニ補缺選擧ヲ行フヘシ
補闕議員ハ其ノ前任者ノ殘任期間在任ス（改正）
第九條　町村長ハ每年九月十五日ヲ期トシ其ノ日ノ現在ニ依リ其ノ町村內ノ選擧人名簿二本ヲ調製シ其ノ一本ヲ十月一日マテニ郡長ニ送付スヘシ
郡長ハ町村長ヨリ送付シタル名簿ヲ合シ每年十月十五日マテニ其選擧區ノ選擧人名簿ヲ調製スヘシ

第十條　市長ハ毎年九月十五日ヲ期トシ其ノ日ノ現在ニ依リ十月十五日マテニ其ノ選擧區ノ選擧人名簿ヲ調製スヘシ

第十一條　選擧人其ノ住所ヲ有スル市町村外ニ於テ直接國税ヲ納ムルトキハ九月十五日マテニ當該行政廳ノ證明ヲ得テ其ノ住所地ノ市町村長ニ屆出ツヘシ其ノ期限內ニ屆出ヲ爲ササルトキハ其ノ納税ハ選擧人名簿ニ記載セラルヘキ要件ニ算入セス

第十二條　郡市長ハ十月二十日ヨリ十五日間其ノ郡市役所ニ於テ選擧人名簿ヲ關係者ノ縱覽ニ供スヘシ若關係者ニ於テ異議アルトキ又ハ正當ノ事故ニ依リ前條ノ手續ヲ爲スコト能ハスシテ名簿ニ登錄セラレサルトキハ縱覽期間內ニ之ヲ郡市長ニ申立ツルコトヲ得此ノ場合ニ於テハ郡市長ハ其ノ申立ヲ受ケタル日ヨリ十日以內ニ之ヲ決定スヘシ

前項郡市長ノ決定ニ不服アル者ハ府縣參事會ニ訴願シ其ノ裁決ニ不服アル者ハ行政裁判所ニ出訴スルコトヲ得

前項ノ裁決ニ關シテハ府縣知事郡市長ヨリモ亦訴訟ヲ提起スルコトヲ得

選擧人名簿ハ十二月十五日ヲ以テ確定期限トシ確定名簿ハ次年ノ十二月十四日マテ之ヲ据置クヘシ

府縣參事會ノ裁決確定シ又ハ訴訟ノ判決ニ依リ名簿ノ修正ヲ要スルトキハ郡市長ニ於テ直ニ之ヲ修正スヘシ

本條ニ依リ郡市長ニ於テ名簿ヲ修正シタルトキハ其ノ要領ヲ告示シ郡長ハ本人居所地ノ町村長ニ通知シ町村長ハ之ヲ告示スヘシ

確定名簿ニ登錄セラレサル者ハ選擧ニ參與スルコトヲ得ス但シ選擧人名簿ニ記載セラルヘキ確定裁決書若ハ判決書ヲ所持シ選擧ノ當日投票所ニ到ル者ハ此ノ限ニ在ラス

確定名簿ニ登錄セラレタル者選擧權ヲ有セサルトキハ選擧ニ參與スルコトヲ得ス但シ名簿ハ之ヲ修正スル限ニ在ラス

異議ノ決定若ハ訴願ノ裁決確定シ又ハ訴訟ノ判決アリタルニ依リ名簿無效トナリタルトキハ九月十五日ノ現在ニ依リ更ニ名簿ヲ調製スヘシ但シ名簿調製ノ期日マテニ選擧權ヲ失ヒタル者ハ名簿ニ登錄スル限ニ在ラス

天災事變等ノ爲必要アルトキハ更ニ選擧人名簿ヲ調製シ又ハ之ヲ縱覽ニ供スヘシ

前二項ノ名簿ノ調製期日縱覽修正及ヒ確定ニ關スル期限等ハ府縣知事ノ定ムル所ニ依ル

府縣郡市町村ノ廢置分合境界變更ノ場合ニ於ケル名簿ノ分合ニ關シテハ命令ヲ以テ之ヲ定ム（改正）

第十三條　府縣會議員ノ選擧ハ府縣知事ノ告示ニ依リ之ヲ行フ其ノ告示ニハ選擧ヲ行フヘキ選擧區投票ヲ行フヘキ日時及選擧スヘキ議員ノ員數ヲ記載シ選擧ノ日ヨリ少クトモ二十日前ニ之ヲ發スヘシ

天災事變等ノ爲投票ヲ行フコトヲ得サルトキ又ハ更ニ投票ヲ行フノ必要アルトキハ府縣知事ハ當該選擧區又ハ投票區ニ付投票ヲ行フヘキ日時ヲ定メ少クトモ七日前ニ之ヲ告示スヘシ（改正）

第十四條　府縣會議員ノ選擧ハ郡市長之ヲ管理ス

第十五條　投票區ハ市町村ノ區域ニ依ル

特別ノ事情アル市町村ニ於テハ命令ノ定ムル所ニ依リ二箇以上ノ投票區ヲ設ケ又ハ數町村ノ區域ニ依リ一投票區ヲ設クルコトヲ得

投票所ハ市役所町村役場又ハ市町村長ノ指定シタル場所ニ之ヲ設ケ市町村長其ノ事務ヲ管理ス

投票所ハ市町村長ニ於テ選擧ノ日ヨリ少クトモ五日前ニ之ヲ告示スヘシ

第二項ノ場合ニ於テ投票ニ關シ本法ヲ適用シ難キトキハ命令ヲ以テ特別ノ規定ヲ設クルコトヲ得（改正）

第十六條　市町村長ハ臨時ニ其ノ管理スル投票區域内ニ於ケル選擧人中ヨリ投票立會人二名乃至四名ヲ選任スヘシ

投票立會人ハ名譽職トス

第十七條　選擧人ニ非サル者ハ投票所ニ入ルコトヲ得ス但シ投票所ノ事務ニ從事スル者投票所ヲ監視スル職權ヲ有スル者又ハ警察官吏ハ此ノ限ニ在ラス

投票所ニ於テ演説討論ヲ爲シ若ハ喧擾ニ渉リ投票ニ關シ協議若ハ勸誘ヲ爲シ其ノ

他投票所ノ秩序ヲ紊ス者アルトキハ投票管理者ハ之ヲ制止シ命ニ從ハサルトキハ之ヲ投票所外ニ退出セシムヘシ
前項ノ規定ニ依リ退出セシメラレタル者ハ最後ニ至リ投票ヲ爲スコトヲ得但シ投票管理者投票所ノ秩序ヲ紊スノ虞ナシト認ムル場合ニ於テハ投票ヲ爲サシムルヲ妨ケス（改正）

第十八條　選擧ハ投票ニ依リ之ヲ行フ
投票ハ一人一票ニ限ル
選擧人ハ選擧ノ當日投票時間内ニ自ラ投標所ニ到リ選擧人名簿ノ對照ヲ經又ハ確定裁決書若ハ判決書ヲ提示シテ投票ヲ爲スヘシ
投票時間内ニ投票所ニ入リタル選擧人ハ其ノ時間ヲ過クルモ投票ヲ爲スコトヲ得
選擧人ハ投票所ニ於テ投票用紙ニ自ラ被選擧人一名ノ氏名ヲ記載シテ投函スヘシ
投票用紙ニハ選擧人ノ氏名ヲ記載スルコトヲ得
自ラ被選擧人ノ氏名ヲ書スルコト能ハサル者ハ投票ヲ爲スコトヲ得ス
投票用紙ハ府縣知事ノ定ムル所ニ依リ一定ノ式ヲ用ヰヘシ
選擧人名簿調製ノ後選擧人其ノ投票區域外ニ住所ヲ移シタル場合ニ於テ仍選擧權ヲ有スルトキハ前住所地ノ投票所ニ於テ投票ヲ爲スヘシ
第三十二條第一項若ハ第三十六條ノ選擧又ハ補闕選擧ヲ同時ニ行フ場合ニ於テハ一ノ選擧ヲ以テ合併シテ之ヲ行フ（改正）

第十九條　投票ノ拒否ハ投票立會人之ヲ議決ス可否同數ナルトキハ市町村長之ヲ決スヘシ
第二十條　市町村長ハ投票錄ヲ製シ投票ニ關スル顚末ヲ記載シ投票立會人ト共ニ之ニ署名スヘシ
第二十一條　投票ヲ終リタルトキハ町村長ハ其ノ指定シタル投票立會人ト共ニ直ニ投票函及投票錄ヲ選擧會場ニ送致スヘシ
第二十二條　島嶼其ノ他交通不便ノ地ニ對シテハ府縣知事ハ適宜ニ其ノ投票期日ヲ定メ選擧會ノ期日マテニ其ノ投票函ヲ送致セシムルコトヲ得
第二十三條　選擧會ハ郡役所市役所又ハ郡市長ノ指定シタル塲所ニ於テ之ヲ開クヘシ
前項選擧會ノ塲所ハ郡市長豫メ之ヲ告示スヘシ
第二十四條　郡長ハ各投票所ヨリ參會シタル投票立會人ノ中ヨリ抽籤ヲ以テ選擧立會人二名乃至六名ヲ定ムヘシ
市長ハ選擧人中ヨリ選擧立會人二名乃至六名ヲ選任スヘシ
選擧立會人ハ名譽職トス
第二十五條　郡市長ハ選擧長ト爲リ郡ニ於テハ投票函ノ總テ到達シタル翌日市ニ於テハ投票ノ翌日選擧立會人立會ノ上投票函ヲ開キ投票ノ總數ト投票人ノ總數トヲ計算スヘシ若投票ト投票人トノ總數ニ差異ヲ生シタルトキハ其ノ由ヲ選擧錄ニ記

載スヘシ但シ場合ニ依リ選擧會ハ郡ニ於テハ投票函到達ノ日市ニ於テハ投票ノ日之ヲ開クコトヲ得

前項ノ計算終リタルトキハ選擧長ハ選擧立會人ト共ニ投票ヲ點検スヘシ

第二十六條 選擧人ハ其ノ選擧會ニ參觀ヲ求ムルコトヲ得

第二十七條 左ノ投票ハ之ヲ無效トス（改正）

一 成規ノ用紙ヲ用井サルモノ

二 一投票中二人以上ノ被選擧人ヲ記載シタルモノ

三 被選擧人ノ何人タルヲ確認シ難キモノ

四 被選擧權ナキ者ノ氏名ヲ記載シタルモノ

五 被選擧人ノ氏名ノ外他事ヲ記入シタルモノ但シ爵位職業身分住所又ハ敬稱ノ類ヲ記入シタルモノハ此ノ限ニ在ラス

六 現ニ府縣會議員ノ職ニ在ル者ノ氏名ヲ記載シタルモノ

第二十八條 投票ノ效力ハ選擧立會人之ヲ議決ス可否同數ナルトキハ選擧長之ヲ決スヘシ

第二十九條 府縣會議員ノ選擧ハ有效投票ノ最多數ヲ得タル者ヲ以テ當選者トス但シ其ノ選擧區ニ配當セラレタル議員定數ヲ以テ選擧人名簿ニ登錄セラレタル人員數ヲ除シテ得タル數ノ七分ノ一以上ノ得票アルコトヲ要ス

當選者ヲ定ムルニ當リ得票ノ數同シキトキハ年長者ヲ取リ年齢同シキトキハ選擧

長抽籤シテ之ヲ定ム（改正）

第三十條　選擧長ハ選擧錄ヲ製シテ選擧ノ顚末ヲ記載シ選擧ヲ終リタル後之ヲ朗讀シ選擧立會人二名以上ト共ニ之ニ署名シ投票選擧人名簿其ノ他關係書類ト共ニ選擧及當選ノ效力確定スルニ至ルマテ之ヲ保存スヘシ（改正）

第三十一條　選擧ヲ終リタルトキハ選擧長ハ直ニ當選者ニ當選ノ旨ヲ告知シ同時ニ當選錄ノ寫ヲ添ヘ當選者ノ住所氏名ヲ府縣知事ニ報告スヘシ

當選者當選ノ告知ヲ受ケタルトキハ十日以內ニ其ノ當選ヲ承諾スルヤ否ヲ府縣知事ニ申立ツヘシ

一人ニシテ數選擧區ノ選擧ニ當リタルトキハ最終ニ當選ノ告知ヲ受ケタル日ヨリ十日以內ニ何レノ選擧ニ應スヘキカヲ府縣知事ニ申立ツヘシ

前二項ノ申立ヲ其ノ期限內ニ爲ササルトキハ當選ヲ辭シタルモノト看做ス

第六條第七項ノ官吏ニシテ當選シタル者ニ關シテハ本條ニ定ムル期間ヲ二十日以內トス（改正）

第三十二條　府縣會議員ノ當選ヲ辭シタル者アルトキハ更ニ選擧ヲ行フヘシ

二人以上得票同數ニシテ年長ニ由テ當選シタル者其ノ當選ヲ辭シタルトキハ年少ニ由テ當選セサリシ者ヲ以テ當選トス但シ年少ニ由テ當選セサリシ者二人以上アルトキハ年長者ヲ取リ年齡同シキトキハ選擧長抽籤シテ其ノ當選者ヲ定ム

二人以上得票同數ニシテ抽籤ニ依テ當選シタル者其ノ當選ヲ辭シタルトキハ抽籤

ノ爲メ當選セサリシ者ヲ以テ當選トス但抽籤ノ爲當選セサリシ者二人以上アルトキハ選舉長抽籤シテ其ノ當選者ヲ定ム(改正)

第三十三條　當選者其ノ當選ヲ承諾シタルトキハ府縣知事ハ直ニ當選證書ヲ付與シ及其ノ住所氏名ヲ告示スヘシ

第三十四條　選舉人選舉若ハ當選ノ效力ニ關シ異議アルトキハ選舉ニ關シテハ選舉ノ日ヨリ當選ニ關シテハ前條告示ノ日ヨリ十四日以內ニ之ヲ府縣知事ニ申立ツルコトヲ得

前項ノ異議ハ之ヲ府縣參事會ノ決定ニ付スヘシ

府縣知事ニ於テ選舉若ハ當選ノ效力ニ關シ異議アルトキハ第一項申立ノ有無ニ拘ラス選舉ニ關シテハ第三十一條第一項ノ報告ヲ受ケタル日ヨリ當選ニ關シテハ同條第二項又ハ第三項ノ申立アリタル日ヨリ三十日以內ニ府縣參事會ノ決定ニ付スルコトヲ得

前二項ノ場合ニ於テハ府縣參事會ハ其ノ送付ヲ受ケタル日ヨリ十四日以內ニ之ヲ決定スヘシ

本條府縣參事會ノ決定ニ不服アル者ハ行政裁判所ニ出訴スルコトヲ得

前項ノ決定ニ關シテハ府縣知事郡市長ヨリモ亦訴訟ヲ提起スルコトヲ得(改正)

第三十五條　選舉ノ規定ニ違反スルコトアルトキハ選舉ノ結果ニ異動ヲ生スルノ虞アル場合ニ限リ其ノ選舉ノ全部又ハ一部ヲ無效トス

當選者ニシテ被選擧權ヲ有セサルトキハ其ノ當選ヲ無效トス（改正）

第三十六條　選擧若ハ當選無效ト確定シタルトキハ更ニ選擧ヲ行フヘシ但シ得票數ノ査定ニ錯誤アリタル爲又ハ選擧ノ際被選擧權ヲ有セサル爲當選無效ト確定シタルトキハ第二十九條及第三十一條ノ例ニ依ル

議員ノ定數ニ足ル當選者ヲ得ルコト能ハサルトキハ其ノ不足ノ員數ニ付更ニ選擧ヲ行フヘシ此ノ場合ニ於テハ第二十九條第一項但書ノ規定ヲ適用セス（本項追加）

第三十七條　府縣會議員ニシテ被選擧權ヲ有セサル者ハ其ノ職ヲ失フ禁錮以上ノ刑ノ宣告ヲ受ケタル者ヲ除ク外其ノ被選擧權ノ有無ニ關スル異議ハ府縣參事會之ヲ決定ス

府縣會ニ於テ其ノ議員中被選擧權ヲ有セサル者アリト認ムルトキハ之ヲ府縣知事ニ通知スヘシ但シ議員ハ自巳ノ資格ニ關スル會議ニ於テ辯明スルコトヲ得ルモ其ノ議決ニ加ハルコトヲ得ス

府縣知事ハ前項ノ通知ヲ受ケタルトキハ之ヲ府縣參事會ノ決定ニ付スヘシ府縣知事ニ於テ被選擧權ヲ有セサル者アリト認ムルトキハ亦同シ

第三十四條第四項ノ規定ハ前項ノ場合ニ之ヲ準用ス

本條府縣參事會ノ決定ニ不服アル者ハ行政裁判所ニ出訴スルコトヲ得

前項ノ決定ニ關シテハ府縣知事ヨリモ亦訴訟ヲ提起スルコトヲ得

府縣會議員ハ其ノ被選擧權ヲ有セストスル決定確定シ又ハ判決アルマテハ會議ニ

列席シ及ヒ發言スルノ權ヲ失ハス（改正）

第三十八條　本款ニ規定スル異議ノ決定及訴願ノ裁決ハ其ノ決定書若ハ裁決書ヲ交付シタルトキ直ニ之ヲ告示スヘシ

第三十九條　第四條第二項但書ノ市ニ於テハ市長トアルハ區長又市トアルハ區、市役所トアルハ區役所ト看做シ本款ノ規定ヲ準用ス

町村組合ニシテ町村ノ事務ノ全部又ハ役場事務ヲ共同處理スルモノハ之ヲ一町村其ノ組合ノ管理者ハ之ヲ町村長ト看做シ本款ノ規定ヲ準用ス（改正）

第四十條　府縣會議員ノ選擧ニ付テハ衆議院議員選擧ニ關スル罰則ヲ準用ス

第二款　職務權限及處務規程

第四十一條　府縣會ノ議決スヘキ事件左ノ如シ

一　歲入出豫算ヲ定ムル事

二　決算報告ニ關スル事

三　法律命令ニ定ムルモノヲ除ク外使用料手數料府縣稅及夫役現品ノ賦課徵收ニ關スル事

四　不動產ノ處分並買受讓受ニ關スル事

五　積立金穀等ノ設置及處分ニ關スル事

六　歲入出豫算ヲ以テ定ムルモノヲ除ク外新ニ義務ノ負擔ヲ爲シ及權利ノ拋棄ヲ爲ス事

七　財產及營造物ノ管理方法ヲ定ムル事但シ法律命令中別段ノ規定アルモノハ此ノ限ニ在ラス
八　其ノ他法律命令ニ依リ府縣會ノ權限ニ屬スル事項
第四十二條　府縣會ハ其ノ權限ニ屬スル事項ヲ府縣參事會ニ委任スルコトヲ得
第四十三條　府縣會ハ法律命令ニ依リ選擧ヲ行フヘシ
第四十四條　府縣會ハ府縣ノ公益ニ關スル事件ニ付意見書ヲ府縣知事若ハ內務大臣ニ呈出スルコトヲ得
第四十五條　府縣會ハ官廳ノ諮問アルトキハ意見ヲ答申スヘシ
府縣會ノ意見ヲ徵シテ處分ヲ爲スヘキ場合ニ於テ府縣會招集ニ應セス若ハ成立セス又ハ意見ヲ呈出セサルトキハ當該官廳ハ其ノ意見ヲ俟タスシテ直ニ處分ヲ爲スコトヲ得
第四十六條　府縣會議員ハ選擧人ノ指示若ハ委囑ヲ受クヘカラス
第四十七條　府縣會ハ議員中ヨリ議長副議長各一名ヲ選擧スヘシ
議長及副議長ノ任期ハ議員ノ任期ニ依ル（改正）
第四十八條　議長故障アルトキハ副議長之ニ代ハリ議長副議長共ニ故障アルトキハ臨時ニ議員中ヨリ假議長ヲ選擧スヘシ
前項假議長ノ選擧ニ付テハ年長ノ議員議長ノ職務ヲ代理ス年齡同シキトキハ抽籤ヲ以テ之ヲ定ム（改正）

第四十九條　府縣知事及其ノ委任若ハ囑託ヲ受ケタル官吏吏員ハ會議ニ到席シテ議事ニ參與スルコトヲ得但シ議決ニ加ハルコトヲ得ス
前項ノ列席者ニ於テ發言ヲ求ムルトキハ議長ハ直ニ之ヲ許スヘシ但シ之カ爲メ議員ノ演說ヲ中止セシムルコトヲ得ス
第五十條　府縣會ハ通常會及臨時會トス
通常會ハ每年一回之ヲ開ク其ノ會期ハ三十日以內トス臨時會ハ必要アル塲合ニ於テ其ノ事件ニ限リ之ヲ開ク其ノ會期ハ七日以內トス
臨時會ニ付スヘキ事件ハ豫メ之ヲ告示スヘシ但シ其ノ開會中急施ヲ要スル事件アルトキハ府縣知事ハ直ニ之ヲ其ノ會議ニ付スルコトヲ得
第五十一條　府縣會ハ府縣知事之ヲ招集ス
招集ハ開會ノ日ヨリ少クトモ十四日前ニ告示スヘシ但シ急施ヲ要スル塲合ハ此ノ限ニ在ラス
府縣會ハ府縣知事之ヲ開閉ス
第五十二條　府縣會ハ議員定員ノ半數以上出席スルニ非サレハ會議ヲ開クコトヲ得ス
第五十三條　府縣會ノ議事ハ過半數ヲ以テ決ス可否同數ナルトキハ議長ノ決スル所ニ依ル
第五十四條　議長及議員ハ自己又ハ父母祖父母妻子孫兄弟姉妹ノ一身上ニ關スル事

件ニ付テハ其ノ議事ニ參與スルコトヲ得ス但シ府縣會ノ同意ヲ得タルトキハ會議ニ出席シ發言スルコトヲ得（改正）

第五十五條　法律命令ノ規定ニ依リ府縣會ニ於テ選擧ヲ行フトキハ本法中別段ノ規定アル場合ヲ除ク外一名毎ニ無記名投票ヲ爲シ有效投票ノ過半數ヲ得タル者ヲ以テ當選トス若シ過半數ヲ得タル者ナキトキハ最多數ヲ得タル者二名ヲ取リ之ニ就キ決選投票ヲ爲サシム其二名ヲ取ルニ當リ同數者アルトキハ年長者ヲ取リ年齡同シキトキハ議長抽籤シテ之ヲ定ム此ノ決選投票ニ於テハ最多數ヲ得タル者ヲ以テ當選トス若同數ナルトキハ年長者ヲ取リ同年月ナルトキハ議長抽籤シテ之ヲ定ム

前項ノ場合ニ於テハ第十八條及第二十七條ノ規定ヲ準用ス其ノ投票ノ效力ニ關シ異議アルトキハ府縣會之ヲ議決ス

第一項ノ選擧ニ付テハ府縣會ハ其ノ議決ヲ以テ指名推選ノ法ヲ用ヰルコトヲ得（改正）

第五十六條　府縣會ノ會議ハ公開ス但シ左ノ場合ハ此ノ限ニ在ラス

一　府縣知事ヨリ傍聽禁止ノ要求ヲ受ケタルトキ

二　議長若ハ議員三名以上ノ發議ニ依リ傍聽禁止ヲ可決シタルトキ

前項議長若ハ議員ノ發議ハ討論ヲ須ヒス其ノ可否ヲ決スヘシ

第五十七條　議長ハ會議ノ事ヲ總理シ會議ノ順序ヲ定メ其ノ日ノ會議ヲ開閉シ議場ノ秩序ヲ保持ス

議員定員ノ半數以上ヨリ請求アルトキハ議長ハ其ノ日ノ會議ヲ開クコトヲ要ス此ノ場合ニ於テ議長仍會議ヲ開カサルトキハ第四十八條ノ例ニ依ル

前項議員ノ請求ニ依リ會議ヲ開キタルトキ又ハ議員中異議アルトキハ議長ハ會議ノ議決ニ依ルニ非サレハ其ノ日ノ會議ヲ閉チ又ハ中止スルコトヲ得ス（改正）

第五十八條 府縣會議員ハ會議中無禮ノ語ヲ用ヰ又ハ他人ノ身上ニ渉リ言論スルコトヲ得ス

第五十九條 會議中此ノ法律若ハ會議規則ニ違ヒ其ノ他議場ノ秩序ヲ紊ル議員アルトキハ議長ハ之ヲ制止シ若ハ發言ヲ取消サシメ命ニ從ハサルトキハ議長ハ當日ノ會議ヲ終ルマテ發言ヲ禁止シ又ハ議場ノ外ニ退去セシメ必要ナル場合ニ於テハ警察官吏ノ處分ヲ求ムルコトヲ得

議場騷擾ニシテ整理シ難キトキハ議長ハ當日ノ會議ヲ中止シ又ハ之ヲ閉ツルコトヲ得

第六十條 傍聽人公然可否ヲ表シ又ハ喧騷ニ渉リ其ノ他會議ノ妨害ヲ爲ストキハ議長ハ之ヲ制止シ命ニ從ハサルトキハ之ヲ退場セシメ必要ナル場合ニ於テハ警察官吏ノ處分ヲ求ムルコトヲ得

傍聽席騷擾ナルトキハ議長ハ總テノ傍聽人ヲ退場セシメ必要ナル場合ニ於テハ警察官吏ノ處分ヲ求ムルコトヲ得

第六十一條 議場ノ秩序ヲ紊リ又ハ會議ノ妨害ヲ爲ス者アルトキハ議員若ハ第四十

九條ノ列席者ハ議長ノ注意ヲ喚起スルコトヲ得

第六十二條　府縣會ニ書記ヲ置キ議長ニ隷屬シテ庶務ヲ處理セシム

書記ハ議長之ヲ任免ス

第六十三條　議長ハ書記ヲシテ會議錄ヲ製シ會議ノ顚末竝出席議員ノ氏名ヲ記載セシムヘシ會議錄ハ議長及議員二名以上之ニ署名スルヲ要ス其ノ議員ハ府縣會ニ於テ之ヲ定ムヘシ

議長ハ會議錄ヲ添ヘ會議ノ結果ヲ府縣知事ニ報告スヘシ

第六十四條　府縣會ハ會議規則及傍聽人取締規則ヲ設クヘシ

會議規則ハ内務大臣ノ許可ヲ受クルコトヲ要ス

會議規則ニハ此ノ法律竝會議規則ニ違背シタル議員ニ對シ府縣會ノ議決ニ依リ五日以内出席ヲ停止スル規定ヲ設クルコトヲ得（改正）

第三章　府縣參事會

第一款　組織及選擧

第六十五條　府縣ニ府縣參事會ヲ置キ府縣知事府縣高等官二名及名譽職參事會員ヲ以テ之ヲ組織ス

府ノ名譽職參事會員ハ十名トシ縣ノ名譽職參事會員ハ七名トス

府縣高等官ニシテ府縣參事會員タルヘキ者ハ内務大臣之ヲ命ス（改正）

第六十六條　名譽職參事會員ハ府縣會ニ於テ議員中ヨリ之ヲ選擧スヘシ

府縣會ハ名譽職參事會員ト同數ノ補充員ヲ選擧スヘシ

前二項ノ場合ニ於テハ第十八條第二十七條及第二十九條ノ規定ヲ準用ス其ノ投票ノ效力ニ關シ異議アルトキハ府縣會之ヲ議決ス

名譽職參事會員中闕員アルトキハ府縣知事ハ補充員ノ中ニ就キ之ヲ補闕ス其ノ順序ハ選擧ノ時ヲ異ニスルトキハ選擧ノ前後ニ依リ選擧同時ナルトキハ得票數ニ依リ得票同數ナルトキハ年長者ヲ取リ年齡同シキトキハ抽籤ニ依ル仍闕員アル場合ニ於テハ臨時補闕選擧ヲ行フヘシ

名譽職參事會員及其ノ補充員ハ毎年之ヲ選擧スヘシ

名譽職參事會員ハ後任者就任ノ前日マテ在任ス府縣會議員ノ任期滿了シタルトキ亦同シ（改正）

第六十七條 府縣參事會ハ府縣知事ヲ以テ議長トス府縣知事故障アルトキハ高等官參事會員議長ノ職務ヲ代理ス

第二款 職務權限及處務規程

第六十八條 府縣參事會ノ職務權限左ノ如シ

一 府縣會ノ權限ニ屬スル事件ニシテ其ノ委任ヲ受ケタルモノヲ議決スル事

二 府縣會ノ權限ニ屬スル事件ニシテ臨時急施ヲ要シ府縣知事ニ於テ之ヲ招集スルノ暇ナシト認ムルトキ府縣會ニ代テ議決スル事

三 府縣知事ヨリ府縣會ニ提出スル議案ニ付府縣知事ニ對シ意見ヲ述フル事

四　府縣會ノ議決シタル範圍内ニ於テ財産及營造物ノ管理ニ關シ重要ナル事項ヲ議決スル事

五　府縣費ヲ以テ支辨スヘキ工事ノ執行ニ關スル規定ヲ議決スル事但シ法律命令中別段ノ規定アルモノハ此ノ限ニ在ラス

六　府縣ニ係ル訴願訴訟及和解ニ關スル事項ヲ議決スル事

七　其ノ他法律命令ニ依リ府縣參事會ノ權限ニ屬スル事項

第六十九條　府縣參事會ハ名譽職參事會員中ヨリ委員ヲ選擧シ之ヲシテ府縣ニ係ル出納ヲ檢査セシムルコトヲ得

前項ノ檢査ニハ府縣知事又ハ其ノ指命シタル官吏若ハ吏員之ニ立會フコトヲ要ス

第七十條　第四十四條第四十五條第四十九條第五十一條第三項第五十五條第五十七條第一項及第六十二條ノ規定ハ府縣參事會ニ之ヲ準用ス（改正）

第七十一條　府縣參事會ハ府縣知事之ヲ招集ス若名譽職參事會員半數以上ノ請求アル場合ニ於テ相當ノ理由アリト認ムルトキハ府縣知事ハ府縣參事會ヲ招集スヘシ

府縣參事會ノ會期ハ府縣知事之ヲ定ム

第七十二條　府縣參事會ノ會議ハ傍聽ヲ許サス

第七十三條　府縣參事會ハ議長又ハ其ノ代理者及名譽職參事會員定員ノ半數以上出席スルニ非サレハ會議ヲ開クコトヲ得ス

第六十八條第二ノ議決ヲ爲ストキハ府縣知事高等官參事會員ハ其ノ議決ニ加ハル

コトヲ得ス

府縣參事會ノ議事ハ過半數ヲ以テ決ス可否同數ナルトキハ議長ノ決スル所ニ依ル

會議ノ顚末ハ之ヲ會議錄ニ記載シ議長及參事會員二名以上之ニ署名スヘシ

第七十四條　第五十四條ノ規定ハ府縣參事會員ニ之ヲ準用ス但シ同條ノ規定ニ依リ會員ノ數減少シテ前條第一項ノ數ヲ得サルトキハ府縣知事ハ補充員ニシテ其ノ事件ニ關係ナキ者ヲ以テ第六十六條第四項ノ順序ニ依リ臨時之ニ充テ仍其ノ數ヲ得サルトキハ府縣會議員ニシテ其ノ事件ニ關係ナキ者ヲ臨時ニ指名シ其ノ闕員ヲ補充スヘシ

議長及其ノ代理者共ニ除席セラレタルトキハ年長ノ會員ヲ以テ假議長ト爲スヘシ

（改正）

第四章　府縣行政

第一款　府縣吏員ノ組織及任免

第七十五條　府縣ニ有給ノ府縣吏員ヲ置クコトヲ得

前項ノ府縣吏員ハ府縣知事之ヲ任免ス

第七十六條　府縣ニ出納吏ヲ置キ官吏吏員ノ中ニ就キ府縣知事之ヲ命ス

第七十七條　府縣ハ府縣會ノ議決ヲ經内務大臣ノ許可ヲ得テ臨時若ハ常設ノ委員ヲ置クコトヲ得

委員ハ名譽職トス

委員ノ組織選任任期等ニ關スル事項ハ府縣會ノ議決ヲ經内務大臣ノ許可ヲ得テ府縣知事之ヲ定ム

第二款　府縣官吏府縣吏員ノ職務權限及處務規程

第七十八條　府縣知事ハ府縣ヲ統轄シ府縣ヲ代表ス

府縣知事ノ擔任スル事務ノ概目左ノ如シ

一　府縣費ヲ以テ支辨スヘキ事件ヲ執行スル事

二　府縣會及府縣參事會ノ議決ヲ經ヘキ事件ニ付其ノ議案ヲ發スル事

三　財産及營造物ヲ管理スル事但シ特ニ之カ管理者アルトキハ其ノ事務ヲ監督スル事

四　收入支出ヲ命令シ及會計ヲ監督スル事

五　證書及公文書類ヲ保管スル事

六　法律命令又ハ府縣會若ハ府縣參事會ノ議決ニ依リ使用料手數料府縣稅及夫役現品ヲ賦課徵收スル事

七　其ノ他法律命令ニ依リ府縣知事ノ職權ニ屬スル事項

第七十九條　府縣知事ハ議案ヲ府縣會ニ提出スル前之ヲ府縣參事會ノ審査ニ付シ若府縣參事會ト其ノ意見ヲ異ニスルトキハ府縣參事會ノ意見ヲ議案ニ添ヘ府縣會ニ提出スヘシ

第八十條　府縣知事ハ府縣ノ行政ニ關シ其ノ職權ニ屬スル事務ノ一部ヲ郡島ノ官吏

吏員又ハ市町村吏員ニ補助執行セシメ若ハ委任スルコトヲ得
府縣知事ハ府縣ノ行政ニ關シ其ノ職權ニ屬スル事務ノ一部ヲ府縣吏員ニ臨時代理セシムルコトヲ得

第八十一條　府縣知事ハ府縣吏員ヲ監督シ懲戒處分ヲ行フコトヲ得其ノ懲戒處分ハ譴責二十五圓以下ノ過怠金及解職トス
府縣知事ハ府縣吏員ノ懲戒處分ヲ行ハントスル前其ノ吏員ノ停職ヲ命シ並給料ヲ支給セサルコトヲ得
懲戒ニ依リ解職セラレタル者ハ二年間其ノ府縣ノ公職ニ選擧セラレ若ハ任命セラルルコトヲ得ス

第八十二條　府縣會若ハ府縣參事會ノ議決若ハ選擧其權限ヲ越エ又ハ法律命令若ハ會議規則ニ背クト認ムルトキハ府縣知事ハ自已ノ意見ニ依リ又ハ内務大臣ノ指揮ニ依リ理由ヲ示シテ直ニ其ノ議決若ハ選擧ヲ取消シ又ハ議決ニ付テハ再議ニ付シタル上仍其ノ議決ヲ改メサルトキハ之ヲ取消スヘシ
前項取消處分ニ不服アル府縣會若ハ府縣參事會ハ行政裁判所ニ出訴スルコトヲ得
府縣會若ハ府縣參事會ノ議決公益ニ害アリト認ムルトキハ府縣知事ハ自已ノ意見ニ依リ又ハ内務大臣ノ指揮ニ依リ理由ヲ示シテ之ヲ再議ニ付シ仍其ノ議決ヲ改メサルトキハ内務大臣ニ具狀シテ指揮ヲ請フヘシ（改正）

第八十三條　府縣會若ハ府縣參事會ニ於テ府縣ノ收支ニ關シ不適當ノ議決ヲ爲シタ

ルトキハ府縣知事ハ自己ノ意見ニ依リ又ハ内務大臣ノ指揮ニ依リ理由ヲ示シテ之ヲ再議ニ付シ仍其ノ議決ヲ改メサルトキハ内務大臣ニ具狀シテ指揮ヲ請フヘシ但シ場合ニ依リ再議ニ付セスシテ直ニ内務大臣ノ指揮ヲ請フコトヲ得

第八十四條　府縣知事ハ期日ヲ定メテ府縣會ノ停會ヲ命スルコトヲ得

第八十五條　府縣會若ハ府縣參事會招集ニ應セス又ハ成立セサルトキハ府縣知事ハ内務大臣ニ具狀シテ指揮ヲ請ヒ其ノ議決スヘキ事件ヲ處分スルコトヲ得第五十四條第七十四條ノ場合ニ於テ會議ヲ開クコト能ハサルトキ亦同シ

府縣會又ハ府縣參事會ニ於テ其ノ議決スヘキ事件ヲ議決セサルトキハ前項ノ例ニ依ル

府縣參事會ノ議決若ハ裁決スヘキ事項ニ關シテハ本條第一項第二項ノ例ニ依ル此ノ場合ニ於ケル府縣知事ノ處分ニ關シテハ各本條ノ規定ニ準シ訴願及訴訟ヲ提起スルコトヲ得

本條ノ處分ハ次ノ會期ニ於テ之ヲ府縣會若ハ府縣參事會ニ報告スヘシ（改正）

第八十六條　府縣參事會ノ權限ニ屬スル事件ニシテ臨時急施ヲ要シ府縣知事ニ於テ之ヲ招集スルノ暇ナシト認ムルトキハ府縣知事ハ專決處分シ次ノ會期ニ於テ其ノ處分ヲ府縣參事會ニ報告スヘシ

第八十七條　府縣參事會ノ權限ニ屬スル事項ハ其ノ議決ニ依リ府縣知事ニ於テ專決處分スルコトヲ得

第八十八條　官吏ノ府縣行政ニ關スル職務關係ハ此ノ法律中規定アルモノヲ除ク外國ノ行政ニ關スル其ノ職務關係ノ例ニ依ル

第八十九條　府縣出納吏ハ出納事務ヲ掌ル

第九十條　府縣吏員ハ府縣知事ノ命ヲ承ケ事務ニ從事ス

第九十一條　委員ハ府縣知事ノ指揮監督ヲ承ケ財產若ハ營造物ヲ管理シ其ノ他府縣行政事務ノ一部ヲ調査シ又ハ一時ノ委託ニ依リ事務ヲ處辨ス

第九十二條　府縣ノ事務ニ關スル處務規程ハ府縣知事之ヲ定ム

第三款　給料及給與

第九十三條　有給府縣吏員ノ給料額旅費額及其ノ支給方法ハ府縣知事之ヲ定ム

第九十四條　府縣會議員名譽職參事會員其ノ他名譽職員ハ職務ノ爲要スル費用ノ辨償ヲ受クルコトヲ得

費用辨償額及其ノ支給方法ハ府縣會ノ議決ヲ經テ府縣知事之ヲ定ム（改正）

第九十五條　有給府縣吏員ノ退隱料退職給與金死亡給與金遺族扶助料及其ノ支給方法ハ前條第二項ノ例ニ依リテ之ヲ定ム（改正）

第九十六條　退隱料退職給與金死亡給與金遺族扶助料及費用辨償ノ給與ニ關シ異議アルトキハ之ヲ府縣知事ニ申立ツルコトヲ得

前項ノ異議ハ之ヲ府縣參事會ノ決定ニ付スヘシ其ノ決定ニ不服アル者ハ行政裁判所ニ出訴スルコトヲ得

前項ノ決定ニ關シテハ府縣知事ヨリモ亦訴訟ヲ提起スルコトヲ得（改正）

第九十七條 給料旅費退隱料退職給與金死亡給與金遺族扶助料費用辨償其ノ他諸給與ハ府縣ノ負擔トス（改正）

第五章　府縣ノ財務

第一款　財産營造物及府縣稅

第九十八條 府縣ハ積立金穀等ヲ設クルコトヲ得

第九十九條 府縣ハ營造物若ハ公共ノ用ニ供シタル財産ノ使用ニ付使用料ヲ徵收シ又ハ特ニ一個人ノ爲ニスル事務ニ付手數料ヲ徵收スルコトヲ得

第百條 本法中別ニ規定アルモノヲ除ク外使用料手數料ニ關スル細則ハ府縣會ノ議決ヲ經テ府縣知事之ヲ定ム其ノ細則ニハ過料五圓以下ノ罰則ヲ設クルコトヲ得過料ニ處シ及之ヲ徵收スルハ府縣知事之ヲ掌ル其ノ處分ニ不服アル者ハ行政裁判所ニ出訴スルコトヲ得（改正）

第百一條 府縣ハ其ノ公益上必要アル場合ニ於テハ寄附若ハ補助ヲ爲スコトヲ得

第百二條 府縣ハ其ノ必要ナル費用及法律勅令又ハ從來ノ慣例ニ依リ府縣ノ負擔ニ屬スル費用ヲ支辨スル義務ヲ負フ

第百三條 府縣稅及其ノ賦課徵收方法ニ關シテハ法律ニ規定アルモノヲ除ク外勅令ノ定ムル所ニ依ル

府縣ハ勅令ノ定ムル所ニ依リ其ノ費用ヲ市町村ニ分賦スルコトヲ得

第百四條　府縣內ニ住所ヲ有スル者ハ府縣稅ヲ納ムル義務ヲ負フ

第百五條　三箇月以上府縣內ニ滯在スル者ハ其ノ滯在ノ初ニ遡リ府縣稅ヲ納ムル義務ヲ負フ

第百六條　府縣內ニ住所ヲ有セス又ハ三箇月以上滯在スルコトナシト雖府縣內ニ於テ土地家屋物件ヲ所有シ使用シ若ハ占有シ又ハ營業所ヲ定メテ營業ヲ爲シ又ハ府縣內ニ於テ特定ノ行爲ヲ爲ス者ハ其ノ土地家屋物件營業若ハ其ノ收入ニ對シ又ハ行爲ニ對シテ賦課スル府縣稅ヲ納ムル義務ヲ負フ其ノ法人タルトキ亦同シ（改正）

第百七條　納稅者ノ府縣外ニ於テ所有シ使用シ占有スル土地家屋物件若ハ其ノ收入又ハ府縣外ニ於テ營業所ヲ定メタル營業若ハ其ノ收入ニ對シテハ府縣稅ヲ賦課スルコトヲ得ス

住所滯在同時ニ府縣ノ內外ニ涉ル者ノ前項以外ノ收入ニ對シ府縣稅ヲ賦課スルトキハ其ノ收入ヲ各府縣ニ平分シ其ノ一部ニノミ賦課スヘシ（改正）

第百八條　府縣ノ內外ニ涉リ營業所ヲ定メテ爲ス營業又ハ其ノ收入ニ對シ本稅ヲ分別シテ納メサル者ニ對シ關係府縣ニ於テ營業稅附加稅所得稅附加稅又ハ鑛產稅附加稅ヲ賦課スルトキハ關係府縣知事協議ノ上其ノ步合ヲ定ム若協議調ハサルトキハ內務大臣及大藏大臣之ヲ定ム

鑛區又ハ砂鑛區カ府縣ノ內外ニ涉ル場合ニ於テ鑛區稅又ハ砂鑛區稅ノ附加稅ヲ賦課スルトキハ鑛區又ハ砂鑛區ノ屬スル地表ノ面積ニ依リ本稅額ヲ分割シ其ノ一部

ニノミ賦課スヘシ（改正）

第百九條　府縣税賦課ノ細目ニ係ル事項ハ府縣會ノ議決ニ依リ關係市町村會ノ議決ニ付スルコトヲ得

市町村會ニ於テ府縣會ノ議決ニ依リ定マリタル期限内ニ其ノ議決ヲ爲サヽルトキ若ハ不適當ノ議決ヲ爲シタルトキハ府縣參事會之ヲ議決スヘシ

第百十條　府縣税ヲ賦課スルコトヲ得サルモノニ關シテハ法律勅令ヲ以テ別段ノ規定ヲ設クルモノヲ除ク外市町村税ノ例ニ依ル

第百十一條　府縣内ノ一部ニ對シ特ニ利益アル事件ニ關シテハ勅令ノ定ムル所ニ依リ不均一ノ賦課ヲ爲スコトヲ得

第百十二條　府縣ハ其ノ必要ニ依リ夫役及現品ヲ府縣内一部ノ市町村其ノ他公共團體若ハ一部ノ納税義務者ニ賦課スルコトヲ得但シ學藝美術及手工ニ關スル勞役ヲ課スルコトヲ得ス

夫役及現品ハ急迫ノ場合ヲ除ク外金額ニ算出シテ賦課スヘシ

夫役ヲ課セラレタル者ハ其ノ便宜ニ從ヒ本人自ラ之ニ當リ又ハ適當ノ代人ヲ出スコトヲ得又夫役及現品ハ急迫ノ場合ヲ除ク外金錢ヲ以テ之ニ代フルコトヲ得

第百十三條　府縣税ノ減免若ハ納税ノ延期ハ特別ノ事情アル者ニ限リ府縣知事ハ府縣參事會ノ議決ヲ經テ之ヲ許スコトヲ得

第百十四條　市制施行ノ府縣ニ於テハ郡廳舍建築修繕費及郡役所費ハ郡ニ屬スル部

分ノ負擔トス

第百十五條　府縣稅ノ賦課ヲ受ケタル者其ノ賦課ニ付違法若ハ錯誤アリト認ムルトキハ徵稅令書又ハ徵稅傳令書ノ交付後三箇月以內ニ府縣知事ニ異議ノ申立ヲ爲スコトヲ得

第百三條第二項ノ場合ニ於テ市町村ハ府縣費ノ分賦ニ關シ違法若ハ錯誤アリト認ムルトキハ其ノ告知ヲ受ケタル時ヨリ三箇月以內ニ府縣知事ニ異議ノ申立ヲ爲スコトヲ得

前二項ノ異議ハ之ヲ府縣參事會ノ決定ニ付スヘシ決定ニ不服アル者ハ行政裁判所ニ出訴スルコトヲ得

使用料及手數料ノ徵收ニ關シテモ亦第一項及第三項ノ例ニ依ル

本條ノ決定ニ關シテハ府縣知事郡島ノ官吏吏員市町村吏員ヨリモ亦訴訟ヲ提起スルコトヲ得

第百十六條　府縣稅ノ賦課ニ關シ必要アル場合ニ於テハ當該行政廳ハ日出ヨリ日沒マテノ間營業者ニ關シテハ仍其ノ營業時間家宅ニ臨檢シ又ハ帳簿物件ノ檢査ヲ爲スコトヲ得

府縣稅使用料手數料夫役現品ニ代フル金錢過料其ノ他府縣ノ收入ヲ定期內ニ納メサル者アルトキハ國稅滯納處分ノ例ニ依リ之ヲ處分スヘシ

前項徵收金ノ先取特權ノ順位ハ國ノ徵收金ニ次クモノトス

府縣ノ收入金及支拂金ニ關スル時效ハ其ノ年度經過後五年ヲ以テ完成ス但シ府縣債ニ付テハ國債ノ例ニ依ル

第二項ノ場合ニ於テ郡島ノ官吏吏員又ハ市町村吏員ノ處分ニ不服アル者ハ府縣參事會ニ訴願シ其ノ裁決又ハ府縣知事ノ處分ニ不服アル者ハ行政裁判所ニ出訴スルコトヲ得

前項ノ裁決ニ關シテハ府縣知事郡島ノ官吏吏員又ハ市町村吏員ヨリモ亦訴訟ヲ提起スルコトヲ得

本條第二項ノ處分中差押物件ノ公賣ハ處分ノ確定ニ至ルマテ執行ヲ停止ス（改正）

第百十七條　府縣ハ其ノ負債ヲ償還スル爲又ハ府縣ノ永久ノ利益ト爲ルヘキ支出ヲ要スル爲又ハ天災事變等ノ爲必要アル場合ニ限リ府縣會ノ議決ヲ經テ府縣債ヲ起スコトヲ得

府縣債ヲ起スニ付府縣會ノ議決ヲ經ルトキハ併セテ起債ノ方法利息ノ定率及償還ノ方法ニ付議決ヲ經ヘシ

府縣ハ豫算內ノ支出ヲ爲ス本條ノ例ニ依ラス府縣參事會ノ議決ヲ經テ一時借入金ヲ爲スコトヲ得

第二款　歲入出豫算及決算

第百十八條　府縣知事ハ每會計年度歲入出豫算ヲ調製シ年度開始前府縣會ノ議決ヲ經ヘシ

府縣ノ會計年度ハ政府ノ會計年度ニ同シ

豫算ヲ府縣會ニ提出スルトキハ府縣知事ハ併セテ財產表ヲ提出スヘシ

第百十九條　府縣知事ハ府縣會ノ議決ヲ經テ既定豫算ノ追加若ハ更正ヲ爲スコトヲ得

第百二十條　府縣費ヲ以テ支辨スル事件ニシテ數年ヲ期シテ施行スヘキモノ又ハ數年ヲ期シテ其ノ費用ヲ支出スヘキモノハ府縣會ノ議決ヲ經テ其ノ年期間各年度ノ支出額ヲ定メ繼續費ト爲スコトヲ得

第百二十一條　豫算外ノ支出若ハ豫算超過ノ支出ニ充ツル爲豫備費ヲ設クヘシ但シ府縣會ノ否決シタル費途ニ充ツルコトヲ得ス

第百二十二條　豫算ハ議決ヲ經タル後直ニ之ヲ内務大臣ニ報告シ竝其ノ要領ヲ告示スヘシ

第百二十三條　府縣知事ハ府縣會ノ議決ヲ經テ特別會計ヲ設クルコトヲ得

第百二十四條　決算ハ翌翌年ノ通常會ニ於テ之ヲ府縣會ニ報告スヘシ

府縣知事ハ決算ヲ府縣會ニ報告スル前府縣參事會ノ審査ニ付スヘシ若府縣知事ト府縣參事會ト意見ヲ異ニスルトキハ府縣參事會ノ意見ヲ決算ニ添ヘ府縣會ニ提出スヘシ

決算ハ之ヲ内務大臣ニ報告シ竝其ノ要領ヲ告示スヘシ

第百二十五條　豫算調製ノ式竝費目流用其ノ他財務ニ關スル必要ナル規定ハ内務大

臣之ヲ定ム

第百二十六條　府縣出納吏及府縣吏員ノ身元保證及賠償責任ニ關スル規定ハ勅令ヲ以テ之ヲ定ム（改正）

第五章ノ二　府縣組合（追加）

第百二十六條ノ二　府縣ハ其ノ事務ノ一部ヲ共同處理スル爲其ノ協議ニ依リ規約ヲ定メ內務大臣ノ許可ヲ得テ府縣組合ヲ設クルコトヲ得

府縣組合ハ法人トス

第百二十六條ノ三　府縣組合ノ規約ニハ其ノ名稱組合ヲ組織スル府縣組合ノ共同事務組合會ノ組織事務ノ管理費用ノ支辨方法其ノ他必要ナル事項ヲ定ムヘシ

府縣組合ノ事務ハ內務大臣ノ指定シタル府縣知事之ヲ管理ス

第百二十六條ノ四　府縣組合ノ組合府縣數ヲ增減シ共同事務ノ變更ヲ爲シ其ノ他規約ヲ變更セムトスルトキ又ハ府縣組合ヲ解カムトスルトキハ關係府縣ノ協議ニ依リ內務大臣ノ許可ヲ受クヘシ此ノ場合ニ於テ財產處分ヲ要スルトキハ其ノ財產處分ニ付亦同シ

第百二十六條ノ五　前三條ノ場合ニ於テハ府縣知事ハ府縣會ノ議決ヲ經ルコトヲ要ス

第百二十六條ノ六　公益上必要アル場合ニ於テハ內務大臣ハ關係アル府縣會ノ意見ヲ徵シ府縣組合ヲ設ケ若ハ之ヲ解キ組合規約ヲ定メ若ハ之ヲ變更シ又ハ財產處分

ノ方法ヲ定ムルコトヲ得

第百二十六條ノ七 府縣組合ニ關シテハ法律勅令中別段ノ規定アル場合ヲ除ク外府縣ニ關スル規定ヲ準用ス但シ府縣組合ニハ參事會ヲ置カス其ノ權限ニ屬スヘキ事項ハ組合事務ヲ管理スル府縣知事之ヲ行フ

第六章　府縣行政ノ監督

第百二十七條 府縣ノ行政ハ内務大臣之ヲ監督ス

第百二十八條 異議ノ申立又ハ訴願ノ提起ハ處分ヲ受ケ又ハ決定書若ハ裁決書ノ交付ヲ受ケタル日ヨリ二十一日以内ニ之ヲ爲スヘシ但シ本法中別ニ期間ヲ定メタルモノハ此ノ限ニ在ラス

行政訴訟ノ提起ハ處分ヲ受ケ又ハ決定書若ハ裁決書ノ交付ヲ受ケタル日ヨリ三十日以内ニ之ヲ爲スヘシ

決定書又ハ裁決書ノ交付ヲ受ケサル者ニ關シテハ前二項ノ期間ハ告示ノ日ヨリ起算ス

異議ノ申立ニ關スル期間ノ計算ニ付テハ訴願法ノ規定ニ依ル

異議ノ申立ハ期限經過後ニ於テモ宥恕スヘキ事由アリト認ムルトキハ仍之ヲ受理スルコトヲ得

異議ノ決定ハ文書ヲ以テ之ヲ爲シ其ノ理由ヲ附シ之ヲ申立人ニ交付スヘシ

異議ノ申立アルモ處分ノ執行ハ之ヲ停止セス但シ行政廳ハ其ノ職權ニ依リ又ハ關

係者ノ請求ニ依リ必要ト認ムルトキハ之ヲ停止スルコトヲ得（改正）

第百二十九條　內務大臣ハ府縣行政ノ法律命令ニ背戾セサルヤ又ハ公益ヲ害セサルヤ否ヲ監視スヘシ內務大臣ハ之カ爲行政事務ニ關シテ報告ヲ爲サシメ書類帳簿ヲ徵シ並實地ニ就キ事務ヲ視察シ出納ヲ檢閱スルノ權ヲ有ス

內務大臣ハ府縣行政ノ監督上必要ナル命令ヲ發シ處分ヲ爲スノ權ヲ有ス

第百三十條　內務大臣ハ府縣ノ豫算中不適當ト認ムルモノアルトキハ之ヲ削減スルコトヲ得

第百三十一條　內務大臣ハ勅裁ヲ經テ府縣會ノ解散ヲ命スルコトヲ得

府縣會解散ノ場合ニ於テハ三箇月以內ニ議員ヲ選擧スヘシ

解散後始メテ府縣會ヲ招集スルトキハ府縣知事ハ第五十條第二項ノ規定ニ拘ラス內務大臣ノ許可ヲ得テ別ニ會期ヲ定ムルコトヲ得

第百三十二條　府縣吏員ノ服務規律ハ內務大臣之ヲ定ム

第百三十三條　左ニ揭クル事件ハ內務大臣ノ許可ヲ受クルコトヲ要ス（改正）

一　學藝美術又ハ歷史上貴重ナル物件ヲ處分シ若ハ大ナル變更ヲ爲ス事
二　使用料手數料ヲ新設シ增額シ又ハ變更スル事
三　（削除）
四　不動產ノ處分ニ關スル事
五　（削除）

六　繼續費ヲ定メ若ハ變更スル事

七　（削除）

第百三十四條　府縣債ヲ起シ及ハ起債ノ方法利息ノ定率若ハ償還ノ方法ヲ定メ若ハ變更セムトスルトキハ内務大臣及大藏大臣ノ許可ヲ受クヘシ但シ第百十七條第三項ノ借入金ハ此ノ限ニ在ラス（改正）

第百三十五條　府縣ノ行政ニ關シ主務大臣ノ許可ヲ要スヘキ事項ニ付テハ主務大臣ハ許可申請ノ趣旨ニ反セスト認ムル範圍内ニ於テ更正シテ許可ヲ與フルコトヲ得

第百三十六條　府縣ノ行政ニ關シ主務大臣ノ許可ヲ要スヘキ事項中其ノ輕易ナルモノハ勅令ノ規定ニ依リ許可ヲ經スシテ處分スルコトヲ得

第七章　附則

第百三十七條　此ノ法律ハ明治二十三年法律第三十五號府縣制ヲ施行シタル府縣ニハ明治三十二年七月一日ヨリ之ヲ施行シ其ノ他ノ府縣ニ關スル施行ノ時期ハ府縣知事ノ具申ニ依リ内務大臣之ヲ定ム

第百三十八條　島嶼ニ關スル府縣ノ行政ニ付テハ勅令ヲ以テ特例ヲ設クルコトヲ得町村制ヲ施行セサル島嶼ヨリ選出スヘキ府縣會議員ノ選擧ニ關スル事項ハ勅令ノ定ムル所ニ依ル

沖繩縣ニ關シテハ勅令ヲ以テ特別ノ規定ヲ設クルコトヲ得（四十一年法律第二號ヲ以テ本項追加）

第百三十九條　法律命令中別段ノ規定アルモノヲ除ク外此ノ法律ニ規定スル郡長ノ職務ハ島司ヲ置ケル島嶼ニ於テハ島司之ヲ行ヒ町村長ノ職務ハ町村制ヲ施行セサル地ニ於テハ戸長又ハ之ニ準スヘキ者之ヲ行フ

第百三十九條ノ二　第四十九條及第七十六條ノ規定ニ依ル府縣知事ノ職權ハ東京府ニ在リテハ警視總監亦之ヲ行フ（追加）

第百四十條　從前郡市經濟ヲ異ニシタル府縣ノ財產處分ニ關スル規定ハ內務大臣之ヲ定ム

特別ノ事情アル府縣ニ於テハ勅令ノ定ムル所ニ依リ市部郡部ノ經濟ヲ分別シ市部會郡部會市部參事會郡部參事會ヲ置キ其ノ他必要ナル事項ニ關シ別段ノ規定ヲ設クルコトヲ得

第百四十一條　明治二十三年法律第八十八號府縣稅徵收法及地方稅ニ關スル從前ノ規定ハ此ノ法律ニ依リ變更シタルモノヲ除ク外勅令ヲ以テ別段ノ規定ヲ設クルマテ其ノ效力ヲ有ス

第百四十二條　明治二十三年法律第三十五號府縣制ノ規定ニ依リ選舉セラレタル府縣會議員府縣參事會員ハ此ノ法律施行ノ日ヨリ其ノ職ヲ失フ

本法發布後施行ノ日ニ至ルマテノ間ニ明治二十三年法律第三十五號府縣制ヲ施行シタル府縣ニ於テハ府會縣議員ノ改選ヲ要スルコトアルモ其ノ改選ヲ行ハス議員ハ本法施行ノ日マテ在任ス

第百四十三條　此ノ法律施行ノ際府縣會及府縣參事會ノ職務ニ屬スル事項ニシテ急施ヲ要スルモノハ其ノ成立ニ至ルマテノ間府縣知事之ヲ行フ

第百四十四條　此ノ法律施行ノ際議員ヲ選擧スルニ必要ナル選擧人名簿ノ調製ニ限リ第九條乃至第十二條ノ期日及期間ハ勅令ヲ以テ別ニ之ヲ定ムルコトヲ得但シ其ノ選擧人名簿ハ翌年調製スル選擧人名簿確定ノ日マテ其ノ效力ヲ有ス

第百四十五條　此ノ法律ニ定ムル直接税ノ種類ハ內務大臣及大藏大臣之ヲ告示ス

第百四十六條　明治十三年第十五號布告府縣會規則明治十四年第八號布告區郡部會規則明治二十二年法律第六號府縣會議員選擧規則其ノ他此ノ法律ニ牴觸スル法規ハ此ノ法律施行ノ府縣ニ於テハ其ノ效力ヲ失フ

第百四十七條　此ノ法律ヲ施行スル爲必要ナル事項ハ命令ヲ以テ之ヲ定ム

附　則（大正三年法律第三十五號）

本法施行ノ期日ハ勅令ヲ以テ之ヲ定ム

名譽職參事會員及其ノ補充員ノ任期ニ關シテハ次ノ總選擧マテ仍從前ノ規定ニ依ル

府縣制終

附　則

郡制廢止

第一條　郡制ハ之ヲ廢止ス

第二條　郡制廢止ノ爲メ郡又ハ郡組合ニ屬スル營造物及ヒ事業ノ處分並ニ權利義務ノ歸屬ニ就キ必要ナル事項ハ關係府縣郡組合町村市町村組合及ヒ町村組合ノ府縣會郡會郡組合會町村會市町村組合會及ヒ町村組合會ノ意見ヲ徵シ主務大臣之レヲ定ム

本法ニ依リ郡又ハ郡組合消滅スル場合ニ於テハ郡又ハ郡組合ヲ當局者トスル訴訟ノ手續ハ訴訟ノ目的タル權利義務ノ歸屬者又ハ相手方カ之レヲ受繼ク迄中斷ス

前二項ノ外郡制廢止ニ就キ必要ナル事項ハ勅令ヲ以テ之レヲ定ム

但シ第二條ノ處分及ヒ歸屬ニ關スル手續終了シタル府縣ニ就イテハ內務大臣ハ其施行ノ期日前別ニ施行ノ期日ヲ定ムル事ヲ得

議院法目次

議院法目次終

● 議院法（明治二十二年二月十一日 法律第二號）

朕樞密顧問ノ諮詢ヲ經テ議院法ヲ裁可シ之ヲ公布セシメ併セテ貴族院及衆議院成立ノ日ヨリ各〻本法ニ依リ施行スヘキコトヲ命ス

議院法

第一章　帝國議會ノ召集成立及開會

第一條　帝國議會召集ノ勅諭ハ集會ノ期日ヲ定メ少クトモ四十日前ニ之ヲ發布スヘシ

第二條　議員ハ召集ノ勅諭ニ指定シタル期日ニ於テ各議院ノ會堂ニ集會スヘシ

第三條　衆議院ノ議長副議長ハ其ノ院ニ於テ各〻三名ノ候補者ヲ選擧セシメ其ノ中ヨリ之ヲ勅任スヘシ

議長副議長ノ勅任セヲルヽマテハ書記官長議長ノ職務ヲ行フヘシ

第四條　各議院ハ抽籤法ニ依リ總議員ヲ數部ニ分割シ毎部部長一名ヲ部員中ニ於テ互選スヘシ

第五條　兩議院成立シタル後勅命ヲ以テ帝國議會開會ノ日ヲ定メ兩院議員ヲ貴族院ニ會合セシメ開院式ヲ行フヘシ

第六條　前條ノ場合ニ於テ貴族院議長ハ議長ノ職務ヲ行ヘフシ

第二章　議長書記官及經費

第七條　各議院ノ議長副議長ハ各〻一員トス
第八條　衆議院ノ議長副議長ノ任期ハ議員ノ任期ニ依ル
第九條　衆議院ノ議長副議長辭職又ハ其ノ他ノ事故ニ由リ闕位トナリタルトキハ繼任者ノ任期ハ仍前任者ノ任期ニ依ル
第十條　各議院ノ議長ハ其ノ議院ノ秩序ヲ保持シ議事ヲ整理シ院外ニ對シ議院ヲ代表ス
第十一條　議長ハ議會閉會ノ間ニ於テ仍其ノ議院ノ事務ヲ指揮ス
第十二條　議長ハ常任委員會及特別委員會ニ臨席シ發言スルコトヲ得但シ表決ノ數ニ預カラス
第十三條　各議院ニ於テ議長故障アルトキハ副議長之ヲ代理ス
第十四條　各議院ニ於テ議長副議長倶ニ故障アルトキハ假議長ヲ選擧シ議長ノ職務ヲ行ハシムヘシ
第十五條　各議院ノ議長副議長ハ任期滿限ニ達スルモ後任者ノ勅任セラルヽマテハ仍其ノ職務ヲ繼續スヘシ
第十六條　各議院ニ書記官長一人書記官數人ヲ置ク
書記官長ハ勅任トシ書記官ハ奏任トス
第十七條　書記官長ハ議長ノ指揮ニ依リ書記官ノ事務ヲ提理シ公文ニ署名ス
書記官ハ議事録及其ノ他ノ文書案ヲ作リ事務ヲ掌理ス

書記官ノ外他ノ必要ナル職員ハ書記官長之ヲ任ス

第十八條　兩議院ノ經費ハ國庫ヨリ之ヲ支出ス

第三章　議長副議長及議員歳費

第十九條　各議院ノ議長ハ歳費トシテ五千圓副議長ハ三千圓貴族院ノ被選及勅任議員及衆議院ノ議員ハ二千圓ヲ受ケ別ニ定ムル所ノ規則ニ從ヒ旅費ヲ受ク但シ召集ニ應セサル者ハ歳費ヲ受クルコトヲ得ス（三十二年法律第百號ヲ以テ本項中改正）

議長副議長及議員ハ歳費ヲ辭スルコトヲ得（同上）

官吏ニシテ議員タル者ハ歳費ヲ受クルコトヲ得ス

第二十五條ノ場合ニ於テハ第一項歳費ノ外議院ノ定ムル所ニ依リ一日五圓ヨリ多カラサル手當ヲ受ク

第四章　委員

第二十條　各議院ノ委員ハ全院委員常任委員及特別委員ノ三類トス

全院委員ハ議院ノ全員ヲ以テ委員ト爲スモノトス

常任委員ハ事務ノ必要ニ依リ之ヲ數科ニ分割シ負擔ノ事件ヲ審査スル爲ニ各部ニ於テ同數ノ委員ヲ總議員中ヨリ選擧シ一會期中其ノ任ニ在ルモノトス

特別委員ハ一事件ヲ審査スル爲ニ議院ノ選擧ヲ以テ特ニ付託ヲ受クルモノトス

第二十一條　全院委員長ハ一會期コトニ開會ノ始ニ於テ之ヲ選擧ス

常任委員長及特別委員長ハ各委員會ニ於テ之ヲ互選ス
第二十二條　全院委員會ハ議院三分ノ一以上常任委員會及特別委員會ハ其ノ委員半數以上出席スルニ非サレハ議事ヲ開キ議決ヲ爲スコトヲ得ス
第二十三條　常任委員會及特別委員會ハ議員ノ外傍聽ヲ禁ス但シ委員會ノ決議ニ由リ議員ノ傍聽ヲ禁スルコトヲ得
第二十四條　各委員長ハ委員會ノ經過及結果ヲ議院ニ報告スヘシ
第二十五條　各議院ハ政府ノ要求ニ依リ又ハ其ノ同意ヲ經テ議會閉會ノ間委員ヲシテ議案ノ審査ヲ繼續セシムルコトヲ得

第五章　會議

第二十六條　各議院ノ議長ハ議事日程ヲ定メテ之ヲ議院ニ報告ス
議事日程ハ政府ヨリ提出シタル議案ヲ先ニスヘシ但シ他ノ議事緊急ノ場合ニ於テ政府ノ同意ヲ得タルトキハ此ノ限ニ在ラス
第二十七條　法律ノ議案ハ三讀會ヲ經テ之ヲ議決スヘシ但シ政府ノ要求若ハ議員十人以上ノ要求ニ由リ議院ニ於テ出席議員三分ノ二以上ノ多數ヲ以テ可決シタルトキハ三讀會ノ順序ヲ省略スルコトヲ得
第二十八條　政府ヨリ提出シタル議案ハ委員ノ審査ヲ經スシテ之ヲ議決スルコトヲ得ス但シ緊急ノ場合ニ於テ政府ノ要求ニ由ルモノハ此ノ限ニ在ラス
第二十九條　凡テ議案ヲ發議シ及議院ノ會議ニ於テ議案ニ對シ修正ノ動議ヲ發スル

モノハ二十人以上ノ賛成アルニ非サレハ議題ト爲スコトヲ得ス

第三十條　政府ハ何時タリトモ既ニ提出シタル議案ヲ修正シ又ハ撤回スルコトヲ得

第三十一條　凡テ議案ハ最後ニ議決シタル議院ノ議長ヨリ國務大臣ヲ經由シテ之ヲ上奏スヘシ

但シ兩議院ノ一ニ於テ提出シタル議案ニシテ他ノ議院ニ於テ否決シタルトキハ第五十四條第二項ノ規定ニ依ル

第三十二條　兩議院ノ議決ヲ經テ奏上シタル議案ニシテ裁可セラルヽモノハ次ノ會期マテニ公布セラルヘシ

第六章　停會閉會

第三十三條　政府ハ何時タリトモ十五日以内ニ於テ議院ノ停會ヲ命スルコトヲ得

議院停會ノ後再ヒ開會シタルトキハ前會ノ議事ヲ繼續スヘシ

第三十四條　衆議院ノ解散ニ依リ貴族院ニ停會ヲ命シタル場合ニ於テハ前條第二項ノ例ニ依ラス

第三十五條　帝國議會閉會ノ場合ニ於テ議案建議請願ノ議決ニ至ラサルモノハ後會ニ繼續セス但シ第二十五條ノ場合ニ於テハ此ノ限ニ在ラス

第三十六條　閉會ハ勅命ニ由リ兩議院合會ニ於テ之ヲ擧行スヘシ

第七章　祕密會議

第三十七條　各議院ノ會議ハ左ノ場合ニ於テ公開ヲ停ムルコトヲ得

一　議長又ハ議員十人以上ノ發議ニ由リ議院之ヲ可決シタルトキ

二　政府ヨリ要求ヲ受ケタルトキ

第三十八條　議長又ハ議員十人以上ヨリ秘密會議ヲ發議シタルトキハ議長ハ直ニ傍聽人ヲ退去セシメ討論ヲ用ヰスシテ可否ノ決ヲ取ルヘシ

第三十九條　秘密會議ハ刊行スルコトヲ許サス

第八章　豫算案ノ議定

第四十條　政府ヨリ豫算案ヲ衆議院ニ提出シタルトキハ豫算委員ハ其ノ院ニ於テ受取リタル日ヨリ二十一日以内ニ審査ヲ終リ議院ニ報告スヘシ（三十九年法律第四十九號ヲ以テ本條中改正）

第四十一條　豫算案ニ就キ議院ノ會議ニ於テ修正ノ動議ヲ發スルモノハ三十人以上ノ贊成アルニ非サレハ議題ト爲スコトヲ得ス

第九章　國務大臣及政府委員

第四十二條　國務大臣及政府委員ノ發言ハ何時タリトモ之ヲ許スヘシ但シ之カ爲ニ議員ノ演說ヲ中止セシムルコトヲ得ス

第四十三條　議院ニ於テ議案ヲ委員ニ付シタルトキハ國務大臣及政府委員ハ何時タリトモ委員會ニ出席シ意見ヲ述フルコトヲ得

第四十四條　委員會ハ議長ヲ經由シテ政府委員ノ說明ヲ求ムルコトヲ得

第四十五條　國務大臣及政府委員ハ議員タル者ヲ除ク外議院ノ會議ニ於テ表決ノ數

ニ預カラス

第四十六條　常任委員會又ハ特別委員會ヲ開クトキハ毎會委員長ヨリ其ノ主任ノ國務大臣及政府委員ニ報知スヘシ

第四十七條　議事日程及議事ニ關ル報告ハ議員ニ分配スルト同時ニ之ヲ國務大臣及政府委員ニ送付スヘシ

第十章　質問

第四十八條　兩議院ノ議員政府ニ對シ質問ヲ爲サムトスルトキハ三十人以上ノ贊成者アルヲ要ス

質問ハ簡明ナル主意書ヲ作リ贊成者ト共ニ連署シテ之ヲ議長ニ提出スヘシ

第四十九條　質問主意書ハ議長之ヲ政府ニ轉送シ國務大臣ハ直ニ答辯ヲ爲シ又ハ答辯スヘキ期日ヲ定メ若答辯ヲ爲サヽルトキハ其ノ理由ヲ示明スヘシ

第五十條　國務大臣ノ答辯ヲ得又ハ答辯ヲ得サルトキハ質問ノ事件ニ付議員ハ建議ノ動議ヲ爲スコトヲ得

第十一章　上奏及建議

第五十一條　各議院上奏セムトスルトキハ文書ヲ奉呈シ又ハ議長ヲ以テ總代トシ謁見ヲ請ヒ之ヲ奉呈スルコトヲ得

各議院ノ建議ハ文書ヲ以テ政府ニ呈出スヘシ

第五十二條　各議院ニ於テ上奏又ハ建議ノ動議ハ三十人以上ノ贊成アルニ非サレハ

議題ト爲スコトヲ得ス

第十二章　兩議院關係

第五十三條　豫算ヲ除ク外政府ノ議案ヲ付スルハ兩議院ノ内何レヲ先ニスルモ便宜ニ依ル

第五十四條　甲議院ニ於テ政府ノ議案ヲ可決シ又ハ修正シテ議決シタルトキハ乙議院ニ之ヲ移スヘシ乙議院ニ於テ甲議院ノ議決ニ同意シ又ハ否決シタルトキハ之ヲ奏上スルト同時ニ甲議院ニ通知スヘシ

乙議院ニ於テ甲議院ノ提出シタル議案ヲ否決シタルトキハ之ヲ甲議院ニ通知スヘシ

第五十五條　乙議院ニ於テ甲議院ヨリ移シタル議案ニ對シ之ヲ修正シタルトキハ之ヲ甲議院ニ回付スヘシ甲議院ニ於テ乙議院ノ修正ニ同意シタルトキハ之ヲ奏上スルト同時ニ乙議院ニ通知スヘシ若之ニ同意セサルトキハ兩院協議會ヲ開クコトヲ求ムヘシ

甲議院ヨリ協議會ヲ開クコトヲ求ムルトキハ乙議院ハ之ヲ拒ムコトヲ得ス

第五十六條　兩院協議會ハ兩議院ヨリ各〻十人以下同數ノ委員ヲ選擧シ會同セシム委員ノ協議案成立スルトキハ議案ヲ政府ヨリ受取リ又ハ提出シタル甲議院ニ於テ先ツ之ヲ議シ次ニ乙議院ニ移スヘシ

協議會ニ於テ成立シタル成案ニ對シテハ更ニ修正ノ動議ヲ爲スコトヲ許サス

第五十七條　國務大臣政府委員及各議院ノ議長ハ何時タリトモ兩院協議會ニ出席シテ意見ヲ述フルコトヲ得

第五十八條　兩院協議會ハ傍聽ヲ許サス

第五十九條　兩院協議會ニ於テ可否ノ決ヲ取ルハ無名投票ヲ用ヰ可否同數ナルトキハ議長ノ決スル所ニ依ル

第六十條　兩院協議會ノ議長ハ兩議院協議委員ニ於テ各〻一員ヲ互選シ每會更代シテ席ニ當ラシムヘシ其ノ初會ニ於ケル議長ハ抽籤法ヲ以テ之ヲ定ム

第六十一條　本章ニ定ムル所ノ外兩議院交涉事務ノ規程ハ其ノ協議ニ依リ之ヲ定ムヘシ

第十三章　請願

第六十二條　各議院ニ呈出スル人民ノ請願書ハ議員ノ紹介ニ依リ議院之ヲ受取ルヘシ

第六十三條　請願書ハ各議院ニ於テ請願委員ニ付シ之ヲ審査セシム

請願委員請願書ヲ以テ規程ニ合ハスト認ムルトキハ議長ハ紹介ノ議員ヲ經テ之ヲ却下スヘシ

第六十四條　請願委員ハ請願文書表ヲ作リ其ノ要領ヲ錄シ每週一回議院ニ報告スヘシ

請願委員特別ノ報告ニ依レル要求又ハ議員三十人以上ノ要求アルトキハ各議院ハ

其ノ請願事件ヲ會議ニ付スヘシ

第六十五條　各議院ニ於テ請願ノ採擇スヘキコトヲ議決シタルトキハ意見書ヲ附シ其ノ請願書ヲ政府ニ送付シ事宜ニ依リ報告ヲ求ムルコトヲ得

第六十六條　法律ニ依リ法人ト認メラレタル者ヲ除ク外總代ノ名義ヲ以テスル請願ハ各議院之ヲ受クルコトヲ得ス

第六十七條　各議院ハ憲法ヲ變更スルノ請願ヲ受クルコトヲ得ス

第六十八條　請願書ハ總テ哀願ノ體式ヲ用ウヘシ若請願ノ名義ニ依ラス若ハ其ノ體式ニ違フモノハ各議院之ヲ受クルコトヲ得ス

第六十九條　請願書ニシテ皇室ニ對シ不敬ノ語ヲ用ヰ政府又ハ議院ニ對シ侮辱ノ語ヲ用ヰルモノハ各議院之ヲ受クルコトヲ得ス

第七十條　各議院ハ司法及行政裁判ニ干預スルノ請願ヲ受クルコトヲ得ス

第七十一條　各議院ハ各別ニ請願ヲ受ケ互ニ相干預セス

第十四章　議院ト人民及官廳地方議會トノ關係

第七十二條　各議院ハ人民ニ向テ告示ヲ發スルコトヲ得ス

第七十三條　各議院ハ審査ノ爲ニ人民ヲ召喚シ及議院ヲ派出スルコトヲ得ス

第七十四條　各議院ヨリ審査ノ爲ニ政府ニ向テ必要ナル報告又ハ文書ヲ求ムルトキハ政府ハ祕密ニ渉ルモノヲ除ク外其ノ求ニ應スヘシ

第七十五條　各議院ハ國務大臣及政府委員ノ外他ノ官廳及地方議會ニ向テ照會往復

スルコトヲ得ス

第十五章　退職及議員資格ノ異議

第七十六條　衆議院ノ議員ニシテ貴族院議員ニ任セラレ又ハ法律ニ依リ議員タルコトヲ得サル職務ニ任セラレタルトキハ退職者トス

第七十七條　衆議院ノ議員ニシテ選擧法ニ記載シタル被選ノ資格ヲ失ヒタルトキハ退職者トス

第七十八條　衆議院ニ於テ議員ノ資格ニ付異議ヲ生シタルトキハ特ニ委員ヲ設ケ時日ヲ期シ之ヲ審査セシメ其ノ報告ヲ待テ之ヲ議決スヘシ

第七十九條　裁判所ニ於テ當選訴訟ノ裁判手續ヲ爲シタルモノハ衆議院ニ於テ同一事件ニ付審査スルコトヲ得ス

第八十條　議員其ノ資格ナキコトヲ證明セラルヽニ至ルマテハ議院ニ於テ位列及發言ノ權ヲ失ハス但シ自身ノ資格審査ニ關ル會議ニ對シテハ辯明スルコトヲ得ルモ其ノ表決ニ預カルコトヲ得ス

第十六章　請暇辭職及補闕

第八十一條　各議院ノ議長ハ一週間ニ超エサル議員ノ請暇ヲ許可スルコトヲ得其ノ一週間ヲ超ユルモノハ議院ニ於テ之ヲ許可ス期限ナキモノハ之ヲ許可スルコトヲ得ス

第八十二條　各議院ノ議員ハ正當ノ理由ヲ以テ議長ニ屆出スシテ會議又ハ委員會ニ

闕席スルコトヲ得ス

第八十三條　衆議院ハ議員ノ辭職ヲ許可スルコトヲ得

第八十四條　何等ノ事由ニ拘ラス衆議院議員ニ闕員ヲ生シタルトキハ議長ヨリ内務大臣ニ通牒シ補闕選擧ヲ求ムヘシ

第十七章　紀律及警察

第八十五條　各議院開會中其ノ紀律ヲ保持セムカ爲内部警察ノ權ハ此ノ法律及各議院ニ於テ定ムル所ノ規則ニ從ヒ議長之ヲ施行ス

第八十六條　各議院ニ於テ要スル所ノ警察官吏ハ政府之ヲ派出シ議長ノ指揮ヲ受ケシム

第八十七條　會議中議員此ノ法律若ハ議事規則ニ違ヒ其ノ他議場ノ秩序ヲ紊ルトキハ議長ハ之ヲ警戒シ又ハ制止シ又ハ發言ヲ取消サシム命ニ從ハサルトキハ議長ハ當日ノ會議ヲ終ルマテ發言ヲ禁止シ又ハ議場ノ外ニ退去セシムルコトヲ得

第八十八條　議場騷擾ニシテ整理シ難キトキハ議長ハ當日ノ會議ヲ中止シ又ハ之ヲ閉ツルコトヲ得

第八十九條　傍聽人議場ノ妨害ヲ爲ス者アルトキハ議長ハ之ヲ退場セシメ必要ナル場合ニ於テハ之ヲ警察官廳ニ引渡サシムルコトヲ得

傍聽席騷擾ナルトキハ議長ハ總テノ傍聽人ヲ退場セシムルコトヲ得

第九十條　議場ノ秩序ヲ紊ル者アルトキハ國務大臣政府委員及議員ハ議長ノ注意ヲ

喚起スルコトヲ得

第九十一條　各議院ニ於テ皇室ニ對シ不敬ノ言語論說ヲ爲スコトヲ得ス

第九十二條　各議院ニ於テ無禮ノ語ヲ用ヰルコトヲ得ス及他人ノ身上ニ渉リ言論スルコトヲ得ス

第九十三條　議院又ハ委員會ニ於テ誹毀侮辱ヲ被リタル議員ハ之ヲ議院ニ訴ヘテ處分ヲ求ムヘシ私ニ相報復スルコトヲ得ス

第十八章　懲罰

第九十四條　各議院ハ其ノ議員ニ對シ懲罰ノ權ヲ有ス

第九十五條　各議院ニ於テ懲罰事犯ヲ審査スル爲ニ懲罰委員ヲ設ク

懲罰事犯アルトキハ議長ハ先ツ之ヲ委員ニ付シ審査セシメ議院ノ議ヲ經テ之ヲ宣告ス

各委員會又ハ各部ニ於テ懲罰事犯アルトキハ委員長又ハ部長ハ之ヲ議長ニ報告シ處分ヲ求ムヘシ

第九十六條　懲罰ハ左ノ如シ

一　公開シタル議場ニ於テ譴責ス

二　公開シタル議場ニ於テ適當ノ謝辭ヲ表セシム

三　一定ノ時間出席ヲ停止ス

四　除名

衆議院ニ於テ除名ハ出席議員三分ノ二以上ノ多數ヲ以テ之ヲ決スヘシ

第九十七條　衆議院ハ除名ノ議員再選ニ當ル者ヲ拒ムコトヲ得ス

第九十八條　議員ハ二十人以上ノ贊成ヲ以テ懲罰ノ動議ヲ爲スコトヲ得

懲罰ノ動議ハ事犯アリシ後三日以內ニ之ヲ爲スヘシ

第九十九條　議員正當ノ理由ナクシテ勅諭ニ指定シタル期日後一週間內ニ召集ニ應セサルニ由リ又ハ正當ノ理由ナクシテ會議又ハ委員會ニ闕席スルニ由リ若ハ請暇ノ期限ヲ過キタルニ由リ議長ヨリ特ニ招狀ヲ發シ其ノ招狀ヲ受ケタル後一週間內ニ仍故ナク出席セサル者ハ貴族院ニ於テハ其ノ出席ヲ停止シ上奏シテ勅裁ヲ請フヘク衆議院ニ於テハ之ヲ除名スヘシ

議院法終

大正十年六月二十五日印刷
大正十年六月三十日發行

定價金參拾錢

不許複製

發行者　大阪市南區安堂寺町四丁目三九　井上尚一
發行者　東京市神田區表神保町十番地　井上鐵次郎
印刷者　大阪市南區安堂寺町四丁目四四　今西元治
印刷者　大阪市南區安堂寺町四丁目四四　一書堂印刷工場

發行所
東京市神田區表神保町十番地　振替東京一五八三〇番　一書堂書店
大阪市南區安堂寺町四丁目三九　振替大阪三四九四番　井上一書堂

地方自治法研究復刊大系〔第226巻〕

大改正 市制 及 町村制

日本立法資料全集 別巻 1036

2017（平成29）年7月25日　復刻版第1刷発行　7636-7:012-010-005

編　者　一　書　堂　書　店
発行者　今　井　貴
　　　　稲　葉　文　子
発行所　株式会社信山社

〒113-0033 東京都文京区本郷6-2-9-102東大正門前
Ⓣ03（3818）1019　Ⓕ03（3818）0344
来栖支店〒309-1625 茨城県笠間市来栖2345-1
Ⓣ0296-71-0215　Ⓕ0296-72-5410
笠間才木支店〒309-1611 笠間市笠間515-3
Ⓣ0296-71-9081　Ⓕ0296-71-9082

印刷所　ワ イ ズ 書 籍
製本所　カナメブックス
用　紙　七　洋　紙　業

printed in Japan　分類 323.934 g 1036

ISBN978-4-7972-7636-7 C3332 ¥28000E

日本立法資料全集 別巻

地方自治法研究復刊大系

参照比較 市町村制註釈 完 附 問答理由 第2版〔明治22年6月発行〕／山中兵吉 著述
自治新制 市町村会法要談 全〔明治22年11月発行〕／高嶋正載 著述 田中重策 著述
国税 地方税 市町村税 滞納処分法問答〔明治23年5月発行〕／竹尾高堅 著
日本之法律 府県制郡制正解〔明治23年5月発行〕／宮川大壽 編輯
府県制郡制註釈〔明治23年6月発行〕／田島彦四郎 註釈
日本法典全書 第一編 府県制郡制註釈〔明治23年6月発行〕／坪谷善四郎 著
府県制郡制義解 全〔明治23年6月発行〕／北野竹次郎 編著
市町村役場実用 完〔明治23年7月発行〕／福井淳 編纂
市町村制実務要書 上巻 再版〔明治24年1月発行〕／田中知邦 編纂
市町村制実務要書 下巻 再版〔明治24年3月発行〕／田中知邦 編纂
米国地方制度 全〔明治32年9月発行〕／板垣退助 序 根本正 纂訳
公民必携 市町村制実用 全 増補第3版〔明治25年3月発行〕／進藤彬 著
訂正増補 議制全書 第3版〔明治25年4月発行〕／岩藤良太 編纂
市町村制実務要書続編 全〔明治25年5月発行〕／田中知邦 著
地方學事法規〔明治25年5月発行〕／鶴鳴社 編
増補 町村制執務備考 全〔明治25年10月発行〕／増澤鐵 國吉拓郎 同輯
町村制執務要録 全〔明治25年12月発行〕／鷹巣清二郎 編輯
府県制郡制便覧 明治27年初版〔明治27年3月発行〕／須田健吉 編輯
郡市町村史員 収税実務要書〔明治27年11月発行〕／荻野千之助 編纂
改訂増補鼇頭参照 市町村制講義 第9版〔明治28年5月発行〕／蟻川堅治 講述
改正増補 市町村制実務要書 上巻〔明治29年4月発行〕／田中知邦 編纂
市町村制詳解 附 理由書 改正再版〔明治29年5月発行〕／島村文耕 校閲 福井淳 著述
改正増補 市町村制実務要書 下巻〔明治29年7月発行〕／田中知邦 編纂
府県制 郡制 町村制 新税法 公民之友 完〔明治29年8月発行〕／内田安蔵 五十野譲 著述
市制町村制註釈 附 市制町村制理由 第14版〔明治29年11月発行〕／坪谷善四郎 著
府県制郡制註釈〔明治30年9月発行〕／岸本辰雄 校閲 林信重 註釈
市町村新旧対照一覧〔明治30年9月発行〕／中村芳松 編輯
町村至宝〔明治30年9月発行〕／品川彌二郎 題字 元田肇 序文 桂虎次郎 編纂
市制町村制應用大全 完〔明治31年4月発行〕／島田三郎 序 大西多典 編纂
傍訓註釈 市制町村制 並ニ 理由書〔明治31年12月発行〕／筒井時治 著
改正 府県郡制問答講義〔明治32年4月発行〕／木内英雄 編纂
改正 府県制郡制正文〔明治32年4月発行〕／大塚宇三郎 編纂
府県制郡制〔明治32年4月発行〕／徳田文雄 編輯
参照比較 市町村制註釈 附 問答理由 第10版〔明治32年6月発行〕／山中兵吉 著述
改正 府県制郡制註釈 第2版〔明治32年6月発行〕／福井淳 著
府県制郡制釈義 全 第3版〔明治32年7月発行〕／栗本勇之助 森惣之祐 同著
改正 府県制郡制註釈 第3版〔明治32年8月発行〕／福井淳 著
地方制度通 全〔明治32年9月発行〕／上山満之進 著
市町村新旧対照一覧 訂正第五版〔明治32年9月発行〕／中村芳松 編輯
改正 府県制郡制 並 関係法規〔明治32年9月発行〕／鷲見金三郎 編纂
改正 府県制郡制釈義 第3版〔明治34年2月発行〕／坪谷善四郎 著
再版 市町村制例規〔明治34年11月発行〕／野元友三郎 編纂
地方制度実例総覧〔明治34年12月発行〕／南浦西郷侯爵 題字 自治館編集局 編纂
傍訓 市制町村制註釈〔明治35年3月発行〕／福井淳 著
地方自治提要 全〔明治35年5月発行〕／木村時義 校閲 吉武則久 編纂
市制町村制釈義〔明治35年6月発行〕／坪谷善四郎 著
帝国議会 府県会 郡会 市町村会 議員必携 附 関係法規 第一分冊〔明治36年5月発行〕／小原新三 口述
帝国議会 府県会 郡会 市町村会 議員必携 附 関係法規 第二分冊〔明治36年5月発行〕／小原新三 口述
地方制度実例総覧〔明治36年8月発行〕／芳川顯正 題字 山脇玄 序文 金田謙 著
市町村是〔明治36年11月発行〕／野田千太郎 編纂
市制町村制釈義 明治37年第4版〔明治37年6月発行〕／坪谷善四郎 著
府県郡市町村 模範治績 附 耕地整理法 産業組合法 附属法例〔明治39年2月発行〕／荻野千之助 編輯
自治之模範〔明治39年6月発行〕／江木翼 編
実用 北海道郡区町村案内 全 附 里程表 第7版〔明治40年9月発行〕／廣瀬清澄 著述
自治行政例規 全〔明治40年10月発行〕／市町村雑誌社 編著
改正 府県制郡制要義 第4版〔明治40年12月発行〕／美濃部達吉 著
判例挿入 自治法規全集 全〔明治41年6月発行〕／池田繁太郎 著

信山社

日本立法資料全集 別巻

地方自治法研究復刊大系

仏蘭西邑法 和蘭邑法 皇国郡区町村編制法 合巻〔明治11年8月発行〕／箕作麟祥 閲 大井憲太郎 譯／神田孝平 譯
郡区町村編制法 府県会規則 地方税規則 三法綱論〔明治11年9月発行〕／小笠原美治 編輯
郡吏議員必携三新法便覧〔明治12年2月発行〕／太田啓太郎 編輯
郡区町村編制 府県会規則 地方税規則 新法例纂〔明治12年3月発行〕／柳澤武運三 編輯
全国郡区役所位置 郡政必携 全〔明治12年9月発行〕／木村陸一郎 編輯
府県会規則大全 附 裁定録〔明治16年6月発行〕／朝倉達三 閲 若林友之 編輯
区町村会議要覧 全〔明治20年4月発行〕／阪田辨之助 編纂
英国地方制度 及 税法〔明治20年7月発行〕／良保両氏 合著 水野遵 翻訳
英国地方政治論〔明治21年2月発行〕／久米金彌 翻譯
傍訓 市町村制及説明〔明治21年5月発行〕／髙木周次 編纂
鼇頭註釈 市町村制俗解 附 理由書 第2版〔明治21年5月発行〕／清水亮三 註解
市制町村制註釈 完 附 市制町村制理由 明治21年初版〔明治21年5月発行〕／山田正賢 著述
市町村制詳解 全 附 市町村制理由〔明治21年5月発行〕／日鼻豊作 著
市制町村制釈義〔明治21年5月発行〕／壁谷可六 上野太一郎 合著
市制町村制詳解 全 附 理由書〔明治21年5月発行〕／杉谷庸 訓點
町村制詳解 附 市制及町村制理由〔明治21年5月発行〕／磯部四郎 校閲 相澤富蔵 編述
市制町村制正解 附 理由〔明治21年6月発行〕／芳川顯正 序文 片貝正晉 註解
市制町村制釈義 附 理由書〔明治21年6月発行〕／清岡公張 題字 樋山廣業 著述
市制町村制釈義 附 理由 第5版〔明治21年6月発行〕／建野郷三 題字 櫻井一久 著
市町村制註解 完〔明治21年6月発行〕／若林市太郎 編輯
市町村制釈義 全 附 市町村制理由〔明治21年7月発行〕／水越成章 著述
傍訓 市制町村制註解 附 理由書〔明治21年8月発行〕／鯰江貞雄 註解
市制町村制註釈 附 市制町村制理由 3版増訂〔明治21年8月発行〕／坪谷善四郎 著
市制町村制註釈 完 附 市制町村制理由 第2版〔明治21年9月発行〕／山田正賢 著述
傍訓註釈 日本市制町村制 及 理由書 第4版〔明治21年9月発行〕／柳澤武運三 註解
鼇頭参照 市町村制註解 完 附 理由書及参考諸令〔明治21年9月発行〕／別所富貴 著述
市町村制問答詳解 附 理由書〔明治21年 9 月発行〕／福井淳 著
市制町村制註釈 附 市制町村制理由 4版増訂〔明治21年9月発行〕／坪谷善四郎 著
市制町村制 並 理由書 附 直接間接税類別 及 実施手続〔明治21年10月発行〕／高崎修助 著述
市町村制釈義 附 理由書 訂正再版〔明治21年10月発行〕／松木堅葉 訂正 福井淳 釈義
増訂 市制町村制註解 全 附 市制町村制理由挿入 第3版〔明治21年10月発行〕／吉井太 註解
鼇頭註釈 市町村制俗解 附 理由書 増補第5版〔明治21年10月発行〕／清水亮三 註解
市町村制施行取扱心得 上巻・下巻 合冊〔明治21年10月・22年2月発行〕／市岡正一 編纂
市制町村制傍訓 完 附 市制町村制理由 第4版〔明治21年10月発行〕／内山正如 著
鼇頭対照 市町村制解釈 附理由書及参考諸布達〔明治21年10月発行〕／伊藤寿 註釈
市制町村制詳解 附 理由 第3版〔明治21年11月発行〕／今村長善 著
町村制実用 完〔明治21年11月発行〕／新田貞橘 鶴田嘉内 合著
町村制精解 完 附 理由書 及 問答録〔明治21年11月発行〕／中目孝太郎 磯谷群爾 註釈
市町村制問答詳解 附 理由 全〔明治22年1月発行〕／福井淳 著述
訂正増補 市町村制問答詳解 附 理由 及 追輯〔明治22年1月発行〕／福井淳 著
市町村制質問録〔明治22年1月発行〕／片貝正晉 編述
鼇頭傍訓 市制町村制註釈 及 理由書〔明治21年1月発行〕／山内正利 註釈
傍訓 市町村制 及 説明 第7版〔明治21年11月発行〕／高木周次 編纂
町村制要覧 全〔明治22年1月発行〕／浅井元 校閲 古谷省三郎 編纂
鼇頭 市制町村制 附 理由書〔明治22年1月発行〕／生稲道蔵 略解
鼇頭註釈 町村制 附 理由 全〔明治22年2月発行〕／八乙女盛次 校閲 片野続 編釈
市町村制実解〔明治22年2月発行〕／山田顕義 題字 石黒磐 著
町村制実用 全〔明治22年3月発行〕／小島鋼次郎 岸野武司 河毛三郎 合述
実用詳解 町村制 全〔明治22年3月発行〕／夏目洗蔵 編集
理由挿入 市町村制俗解 第3版増補訂正〔明治22年4月発行〕／上村秀昇 著
町村制市制全書 完〔明治22年4月発行〕／中嶋廣蔵 著
英国市制実見録 全〔明治22年5月発行〕／高橋達 著
実地応用 町村制質疑録〔明治22年5月発行〕／野田籐吉郎 校閲 國吉拓郎 著
実用 町村制市制事務提要〔明治22年5月発行〕／島村文耕 輯解
市町村条例指鍼 完〔明治22年5月発行〕／坪谷善四郎 著
参照比較 市町村制註釈 完 附 問答理由〔明治22年6月発行〕／山中兵吉 著述
市町村議員必携〔明治22年6月発行〕／川瀬周次 田中迪三 合著

信山社